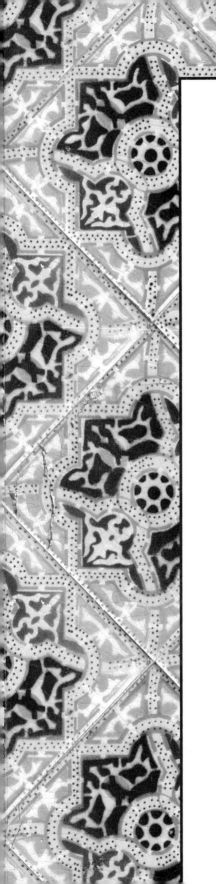

W9-CKS-261

Investigación de gramática

Investigación de gramática

Segunda edición

Patricia Vining Lunn
Michigan State University

Janet A. DeCesaris
Pompeu Fabra University

THOMSON
✷
HEINLE

Australia Brazil Canada Mexico Singapore Spain United Kingdom United States

Investigación de gramática

Segunda edición

Lunn / DeCesaris

Editor in Chief: *PJ Boardman*
Senior Acquisitions Editor: *Helen Alejandra Richardson*
Senior Development Editor: *Max Ehrsam*
Assistant Editor: *Arlinda Shtuni/Meg Grebenc*
Editorial Assistant: *Natasha Ranjan*
Managing Technology Project Manager:
   Wendy Constantine
Associate Technology Project Manager: *Rachel Bairstow*
Executive Marketing Manager: *Stacy Best*
Marketing Manager: *Lindsey Richardson*
Senior Marketing Assistant: *Marla Nasser*
Senior Marketing Communications Manager:
   Stacey Purviance

Associate Content Project Manager: *Jennifer Kostka*
Senior Art Director: *Cate Rickard Barr*
Print Buyer: *Betsy Donaghey*
Permissions Manager: *Ron Montgomery*
Permissions Researcher: *Ignacio Ortiz Monasterio*
Photo Manager: *Sheri Blaney*
Production Service/Compositor: *ICC Macmillan Inc.*
Text Designer: *Glenna Collett*
Cover Designer/Cover Art: *Linda Beaupré/*
   Stone House Art
Text/Cover Printer: *Thomson West*

© 2007, 1992 Thomson Heinle, a part of The Thomson Corporation. Thomson, the Star logo, and Heinle are trademarks used herein under license.

ALL RIGHTS RESERVED. No part of this work covered by the copyright hereon may be reproduced or used in any form or by any means—graphic, electronic, or mechanical, including photocopying, recording, taping, web distribution, information storage and retrieval systems, or in any other manner—without the written permission of the publisher.

Printed in the United States of America
2   3   4   5   6   7   10   09   08   07

Library of Congress Control Number:
2006929385

ISBN-10: 1-4130-1996-X
ISBN-13: 978-1-4130-1996-4

Thomson Higher Education
25 Thomson Place
Boston, MA 02210-1202
USA

For more information about our products, contact us at:
Thomson Learning Academic Resource Center
1-800-423-0563

For permission to use material from this text or product, submit a request online at
http://www.thomsonrights.com
Any additional questions about permissions can be submitted by e-mail to **thomsonrights@thomson.com**

Credits appear on pages 221–222, which constitute a continuation of the copyright page.

Tabla de contenidos

El verbo   1

Lecturas 185

To the Student

The goal of the second edition of *Investigación de gramática* is to explain some of the basic grammatical structures of Spanish. This is a straightforward goal, but it has some important implications for you.

The word *grammar* is used in many ways, and you need to know how we use it here. We use the word to mean the linguistic logic that allows native speakers to use their language. As linguists, we are not satisfied with the *así se dice* approach to grammar; the argument that "You have to say it this way because this is how you say it" does not lead anywhere. We have also avoided prescriptive debates about which varieties of Spanish are the most correct or acceptable. We want to explain why speakers of Spanish say what they do, so that you can use this logic as a tool in your learning of Spanish (or, if you are a teacher or future teacher, in your teaching of it).

Good observers make the best language learners. Children are eager and active observers, but adults tend to observe only what they can understand. Therefore, adults overlook many details when learning a language. The study of grammar, in the linguistic sense of the word, prepares adult learners to perceive the details of Spanish usage, which, in turn, allows them to make progress in learning the language. Of course, the length and ultimate success of this language learning process depend on the intensity of your contact with Spanish. The very best use of this book involves not just studying the book but also simultaneously having contact with Spanish (through reading, listening, or speaking) in order to see how the grammar generalizations are actually put into practice.

Investigación de gramática reproduces the investigative process. This means that you will not get much out of the book if you read it passively or superficially. You should read actively, make sure you understand the examples, and work through the exercises that are integrated into the text. By doing this, you will not only come to understand the arguments, you will also learn how to analyze Spanish on your own.

In including only some of the structures of Spanish, we have deliberately excluded others. *Investigación de gramática* is not a reference grammar; it is an introductory linguistic analysis of those points of Spanish grammar that nonnative speakers find hard to use and native speakers find hard to explain.

The book has a logical structure: the verb, the nucleus of the sentence, is studied in **Capítulos 1** through **4**. Nouns and pronouns, the entities that participate in verbal situations, are studied in **Capítulos 5** and **6**. Finally, modification of nouns and verbs is studied in **Capítulos 7** through **10**. Linguistic terminology is defined as it is introduced, and key terms are listed in the **Glosario** located at the end of the book.

In addition to the grammar exposition, the book contains seven short stories. Many of the examples in the text come from these stories, which means that you have access to the context in which the examples appear. Each chapter ends with a guided reading exercise that asks you to observe certain grammatical details of the stories.

Because we know that students need to be exposed to as much Spanish as possible, we have written *Investigación de gramática* entirely in Spanish. We hope this book will satisfy your curiosity about some aspects of Spanish grammar and whet your appetite for further investigation of others.

P. V. L.

J. A. D.

Acknowledgments

We are especially grateful to colleagues whose generosity and expertise have resulted in numerous improvements to this edition:

Glen Carman, *DePaul University*

Luz Marina Escobar, *University of Southern Mississippi*

Javier Gutiérrez-Rexach, *The Ohio State University*

Ernest J. Lunsford, *Elon University*

DeLys Ostlund, *Portland State University*

Lilia Ruiz-Debbe, *Stony Brook University*

Sharon Lynn Sieber, *Idaho State University*

Gláucia V. Silva, *The Ohio State University*

Michael T. Ward, *Trinity University*

Jiyoung Yoon, *University of North Texas*

Eve Zyzik, *Michigan State University*

We would also like to thank the editorial team at Heinle that guided us through this edition: Helen Alejandra Richardson, Arlinda Shtuni, Max Ehrsam, Meg Grebenc, Natasha Ranjan, Ron Montgomery, Ignacio Ortiz Monasterio, and Jennifer Kostka.

Capítulo preliminar

Para empezar

Este libro no es una gramática prescriptiva sino una gramática lingüística. Con esta denominación, queremos señalar que el libro no pretende aconsejar al hispanohablante sobre el uso correcto de su lengua. Más bien, *Investigación de gramática, Segunda edición* aspira a otra meta, la de revelar la lógica lingüística que permite al hispanohablante usar su lengua. En muchos casos, esta lógica funciona de manera inconsciente; si le preguntamos a un hispanohablante por qué utiliza cierta estructura, probablemente responderá "Porque así se dice". Esta respuesta es muy sincera, pero es frustrante para el estudiante que —por definición— no ha tenido suficiente contacto con la lengua para distinguir entre lo que suena bien y lo que suena mal.

¿Cómo ha adquirido esta capacidad el hispanohablante? En general, se aprende una lengua por medio de la observación. Si Ud. tuviera acceso a un sinfín de ejemplos del uso del español (lo que los lingüistas llaman *input*), podría —con el tiempo— deducir cómo funciona la lengua. Esto es exactamente lo que hacen los niños y, por lo tanto, el aprender una lengua de niño tiene varias ventajas. Primero, los niños están rodeados de *input*, mientras que los estudiantes tienen un contacto limitado con la lengua. Y el aprendizaje de una lengua es espontáneo en el niño, mientras que en el adulto es más trabajoso. Por consiguiente, es necesario que el estudiante aprenda a sacar el máximo rendimiento del *input* al que tiene acceso, y la comprensión de la gramática puede contribuir a ese proceso.

Cuando los seres humanos tenemos que aprender a hacer algo complicado —hablar una lengua, por ejemplo— utilizamos nuestra aptitud para hacer generalizaciones. Es decir, tratamos de reducir una gran cantidad de información a unas pocas afirmaciones descriptivas. En este libro, se presentan generalizaciones sobre la gramática del español. Al aprender cómo funcionan estas generalizaciones, el estudiante se estará preparando para resolver sus dudas, presentes y futuras, sobre el español.

Hay una importante diferencia entre una generalización sobre la gramática y una regla prescriptiva. Por ejemplo, muchos hispanohablantes, sobre todo en Latinoamérica, agregan una -s a la forma *tú* del pretérito; dicen *hablastes, comistes, vivistes,* etcétera. La regla prescriptiva dice que estas formas son incorrectas, pero no explica por qué son tan comunes. Para entender esto, hay que saber lo siguiente: excepto en el pretérito, la forma *tú* del verbo tiene una -s al final. (Se puede confirmar esto al examinar la conjugación completa de cualquier verbo.) Entonces, tomando en cuenta todas estas formas, muchos hispanohablantes han creado una forma analógica para el pretérito, y de esta manera han simplificado la conjugación verbal.

Este pequeño ejemplo nos enseña dos cosas sobre la gramática. Primero, el saber hablar una lengua no implica saber explicarlo; muy pocos nativohablantes saben explicar la gramática que tienen en la cabeza. Por lo tanto, lo que se aprende en este libro sobre la lógica lingüística del español será tan nuevo para muchos hispanohablantes que para los anglohablantes. Segundo, la lógica lingüística sólo se descubre al examinar lo que realmente se dice. Por esta razón, hay muchos ejemplos del español auténtico en este libro, y hay que examinarlos con cuidado.

Ahora bien, no todos de los casi 400 millones de personas en el mundo que hablan el español lo hablan de la misma manera. No cabe duda de que hay mucha variación entre los **dialectos** del español. Sin embargo, esta variación no es obra del azar, sino que responde a una lógica interna. En los capítulos que siguen, vamos a ver ejemplos de esta variación dialectal y de la lógica que lleva a los hablantes a practicarla.

El discurso

El lenguaje se usa siempre en un contexto, y este contexto es lo que los lingüistas llaman **el discurso.** Los hablantes y los oyentes (o escritores y lectores) que participan en el discurso tienen que analizar sobre la marcha lo que saben o no saben, lo que quieren o no quieren decir, y tienen que hacer un continuo reajuste de los medios comunicativos. La conversación que sigue es un ejemplo típico de este reajuste. (Los diálogos usados para ejemplificar las generalizaciones en este libro también pueden aprovecharse para la práctica oral.)

La terminología lingüística aparece **destacada en negrita** cuando aparece en el texto por primera vez. Muchas de estas palabras también aparecen en el **Glosario** al final del libro.

TONI: ¿Lo has escuchado?

MARI: ¿Escuchado qué?

TONI: El disco compacto que te dejé.

MARI: Ah, no, no me ha dado tiempo. ¿Te lo devuelvo?

TONI: No, no te preocupes. Quédatelo. Sólo quería saber si te había gustado.

Aquí, Toni piensa incorrectamente que Mari sabrá lo que representa el pronombre *lo*. Al darse cuenta de que no lo sabe, tiene que hacer una clarificación. Entonces, Mari se imagina que Toni quiere que le devuelva el disco compacto, y Toni tiene que explicar que ésa no fue su intención. Evidentemente, Toni y Mari tienen que hacer algo más que emitir frases correctas; su comportamiento lingüístico depende de lo que saben sobre las intenciones comunicativas de la otra persona. En los siguientes capítulos, se verá que las elecciones gramaticales dependen en muchos casos del contexto del discurso.

Una distinción básica en el análisis del discurso es el contraste entre **información conocida** e **información nueva.** La información conocida es lo que saben los participantes en el discurso, ya sea porque se ha dicho o porque se supone que la sabe todo el mundo. En el siguiente diálogo, se puede observar que cuando el hablante supone incorrectamente que cierta información es conocida, esto produce un malentendido.

MARTINA: Qué bien que no tengamos clase el viernes, ¿no?

ÁNGELES: ¡Qué dices! ¿No hay clase?

MARTINA: Es verdad, no estuviste el lunes.

ÁNGELES: ¿Qué pasó el lunes?

MARTINA: Pues, nos dijo el profe que no iba a haber clase.

ÁNGELES: Gracias por habérmelo dicho.

Ángeles no puede reaccionar a un hecho que desconoce, y por lo tanto Martina tiene que explicárselo. Más adelante, veremos que en algunos casos hay que saber distinguir entre información conocida e información nueva para poder entender por qué los hablantes eligen ciertas estructuras gramaticales.

Los verbos y los sustantivos

La relación entre estas dos unidades —verbos y sustantivos— constituye la estructura básica de la frase en español (y en todas las lenguas del mundo). Por lo tanto, el primer paso en cualquier investigación de la gramática debe ser una definición de estos términos. Como este texto se interesa primordialmente por la relación entre la forma de la gramática y su significado, las siguientes definiciones son **semánticas.**

En el colegio se nos enseña que el **sustantivo** es una palabra que nombra una persona, un objeto o un lugar. De hecho, esta definición ingenua sirve muy bien si le agregamos unos detalles más. Las personas, los objetos y los lugares no son los únicos sustantivos, pero sí son sustantivos **prototípicos,** o sea que son miembros centrales de la categoría sustantivo. Lo que tienen en común estos sustantivos prototípicos es su naturaleza concreta y duradera: las personas, los objetos y los lugares son entidades físicas que cambian muy poco con el tiempo. Es decir, se caracterizan por su estabilidad en el tiempo y el espacio.

La estabilidad característica del sustantivo puede compararse con la falta de estabilidad temporal y espacial del **verbo.** El verbo es una palabra que da nombre no a entidades sino a situaciones. Las situaciones son variables por su naturaleza, y las situaciones más variables son las acciones (*comer, correr,* etcétera). Por eso, las acciones se consideran los verbos prototípicos.

Para comprender el contraste entre verbos y sustantivos, es útil pensar en un ejemplo. Tomemos la frase sencilla *La atleta salta*. Aquí, el sustantivo *atleta* nombra una entidad que tiene (casi) las mismas características antes y después del salto. En contraste, la esencia de la acción que lleva el nombre *salta* es el cambio. El salto se define como una serie de fases distintas: primero se está en contacto con la tierra, luego se eleva hasta un punto máximo y después se baja. Para que haya un salto, tiene que haber cambio.

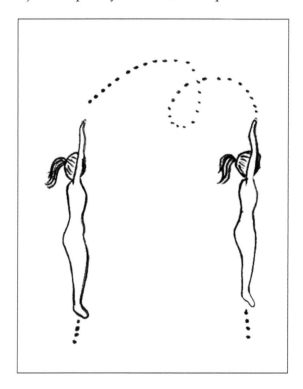

Este libro se interesa primordialmente por la semántica, pero incorpora también otras perspectivas lingüísticas. **La morfología** es el estudio de las partes de la palabra. Morfológicamente, los sustantivos y los verbos son muy diferentes; sólo el sustantivo lleva marcadores de género (masculino/femenino), y sólo el verbo lleva marcadores de tiempo (presente/pasado/futuro). **La sintaxis** es el estudio de las relaciones entre las palabras en la oración, por ejemplo, la relación entre el verbo y las entidades que participan en la situación verbal. **El léxico** es el conjunto del vocabulario de una lengua; los sustantivos y los verbos constituyen dos de las grandes categorías del léxico.

La organización del libro

La primera sección del libro investiga el verbo español y la expresión de su inherente variabilidad. La segunda sección investiga los sustantivos y su participación en las situaciones verbales. Luego, en la tercera sección se investiga **la modificación,** o sea las varias maneras en que se puede agregar información a lo que se sabe sobre una entidad o una situación. En la última sección del libro, hay siete cuentos literarios que sirven para ejemplificar lo expuesto anteriormente y para mostrar lo que se puede crear a base de la materia prima de la gramática.

El verbo

El tiempo y el aspecto

Para empezar

El verbo es el foco de nuestro interés en estos primeros capítulos porque es la palabra clave de la frase. Lleva muchísima información. Como toda palabra, tiene un significado básico, su **significado léxico.** En el caso del verbo, el significado léxico se refiere a una situación, es decir, a algún tipo de acción o estado. Cuando el verbo está conjugado, su significado es una síntesis del significado léxico y de la información comunicada por la **desinencia** o terminación verbal.

La desinencia del verbo aporta información sobre el sujeto del verbo; identifica la **persona** (primera, segunda o tercera) y el **número** (singular o plural) de esta entidad. Los sujetos y los objetos del verbo son el tema del Capítulo 5. La desinencia verbal también lleva otra información, sobre **tiempo, aspecto** y **modo.** En el presente capítulo hablaremos sobre el tiempo y el aspecto; el modo se trata en el Capítulo 4.

La desinencia verbal coloca una situación verbal en un marco universal: el tiempo. Al hablar del **tiempo** en el sentido lingüístico, nos referimos a **la categoría gramatical que localiza una situación verbal en el tiempo con respecto al hablante.**

Si vemos este letrero en un escaparate, sabemos por la desinencia del verbo *abrirán* que se trata de algo futuro, hablando en términos gramaticales. Pero también sabemos que si vemos este letrero el día 15, el día 14 ya ha dejado de clasificarse como futuro. El tiempo gramatical siempre se interpreta de manera contextual; no hay un presente, un pasado y un futuro absolutos, sino que el significado de estos términos depende del hablante.

En español se emplea el mismo término para hacer referencia tanto a la categoría gramatical (*tense* en inglés) como al tiempo histórico. Pero, a diferencia del tiempo histórico, la categoría gramatical de tiempo no está basada en un punto definido por acuerdo cultural (el nacimiento de Jesucristo, la muerte del Profeta, etcétera), sino que está basada en la realidad del hablante. Es decir, el hablante define lo que ha pasado antes de ahora, y lo que va a pasar a partir de ahora, de acuerdo con el momento que está viviendo. La definición de la palabra *ahora* varía de hablante en hablante; lo que es el presente para nosotros fue el futuro para nuestros antepasados y será el pasado para nuestros descendientes.

Este tipo de sistema de referencia, en que todo se define con respecto al hablante, se llama un **sistema deíctico**. El concepto de la deíxis sirve para explicar varios sistemas gramaticales en español. Tal como hemos visto, el tiempo es un sistema deíctico porque el hablante define todas las situaciones verbales con respecto a su propio presente. Y, dado que el tiempo y el espacio siempre van juntos en nuestra percepción del mundo, el sistema de referencia espacial es deíctico también. Las palabras *aquí/allí/allá* o *este/ese/aquel* pueden entenderse sólo en base al punto de referencia del hablante; lo que está *aquí* para un hablante cercano estará *allí* para un hablante lejano. Finalmente, **el sistema de identificar**

a los participantes en el discurso, que se llama persona, es deíctico porque depende de quién habla. El hablante, sea quien sea, es la primera persona; la palabra *yo* no tiene un significado único, sino que se refiere a la persona que está hablando en un momento dado. Los conceptos de segunda persona (el oyente) y tercera persona (todas las demás entidades que no sean ni primera ni segunda persona) también se definen con referencia al hablante.

Al usar un sistema deíctico para establecer una situación verbal en el tiempo, el hablante divide el tiempo en tres clases: lo que relaciona con el ahora (el presente), lo que relaciona con un período anterior al presente (el pasado) y lo que relaciona con un período posterior al presente (el futuro).

© Joaquín Salvador Lavado (QUINO)
Toda Mafalda — Ediciones de
LA Flor, 1993

Análisis

El tiempo y las formas simples del verbo

Las formas simples del verbo son las que constan de una sola palabra. Primero, examinaremos dos formas simples que parecen distinguirse en términos puramente temporales: el presente y el futuro. (Las dos formas simples del tiempo pasado se estudian en el Capítulo 2.) Veremos, sin embargo, que las diferencias temporales implican otros contrastes que van más allá del tiempo.

Es útil imaginar que el tiempo es como una línea:

Pasado   Ahora   Futuro

El punto de referencia del hablante

Aunque el presente aparece como un punto en esta línea, en la lengua española el presente tiene una duración muy variable. Nuestro conocimiento del mundo nos dice que un verbo conjugado en tiempo presente puede referirse a un período corto o largo:

1. **Leo** este capítulo para mi clase de español.

2. Elena **traduce** novelas del castellano al inglés.

3. Nuestro planeta **es** más o menos redondo.

El período ocupado por *leo* en (1) es más breve que el ocupado por *traduce* en (2). Y el período ocupado por *es* en (3) abarca un espacio temporal muy amplio que se considera presente sencillamente porque incluye el momento actual.

Ejercicio **1.1**

Lea el diálogo y observe que todos los verbos en negrita están conjugados en tiempo presente, pero se refieren a períodos de diferentes duraciones. Ponga los verbos en orden, desde los que se refieren sólo al momento de la conversación hasta los que se refieren a un período muy largo.

Antonio: Hola, Cecilia. ¿Cómo **estás**?

Cecilia: Ay, Antonio, muy mal. **Tengo** mu-u-ucho trabajo.

Antonio: Porque siempre **haces** todo a última hora, ¿no?

Cecilia: Pues, sí. Últimamente **trato** de organizarme mejor, pero me **cuesta**.

Antonio: Oye, ¿cómo te **va** en esa clase sobre la relación entre la ciencia y el arte?

Cecilia: Me **gusta** mucho. Esos conceptos **son** realmente fascinantes.

Antonio: ¿Me la **recomiendas**? **Tengo** que elegir mis clases para el próximo año.

Cecilia: Ven conmigo el lunes y verás.

Ya que la duración del presente es variable, es imposible señalar dónde termina el presente y dónde empieza el futuro. El lenguaje refleja esta realidad; en español es sumamente frecuente usar el tiempo presente simple para hablar de futuros acontecimientos, sobre todo los que se pueden programar.

Agustín: ¿Sabes que me **marcho** a Guatemala en julio? (*dicho en mayo*)

Paquita: No. ¡Qué suerte!

AGUSTÍN: **Voy** por medio de un programa de intercambio para ingenieros agrícolas.

PAQUITA: ¿**Vas** solo o con un grupo?

AGUSTÍN: Somos un grupo elegido por el Banco Mundial.

No puede haber una línea divisoria entre el presente y el futuro, y por esto el verbo *ir*, que señala movimiento que va más allá del hablante, se ha convertido en una marca del futuro. En inglés también (y en muchas otras lenguas) una forma del verbo *to go* se utiliza para hacer referencia al tiempo futuro, sobre todo cuando se trata de un futuro cercano o de un futuro vinculado a hechos actuales.

Este fin de semana me **voy a quedar** en casa y **voy a estudiar.** Pensaba ir a la playa, pero nos han puesto un examen de historia y lo llevo muy mal. **Voy a encerrarme** en mi habitación, y sólo **voy a salir** para comer.

El **futuro compuesto** o **analítico**, que así se llama *ir + a + infinitivo*, es, por mucho, la forma más común del futuro. Se emplea con tanta frecuencia para hablar del tiempo futuro que la otra forma, el **futuro simple** o **sintético**, ha adquirido un uso no-temporal. Ante cualquier situación futura, hay cierto grado de inseguridad. A veces esta duda es mínima, cuando decimos lo siguiente, por ejemplo:

Mañana el sol se **pondrá** a las 6:24 de la tarde.

El examen final **será** el 19 de diciembre.

Sin embargo, hasta que no se produzcan estas situaciones, no podemos clasificarlas como reales. Por lo tanto, la forma simple del futuro puede utilizarse para hacer conjeturas sobre el presente. En el siguiente diálogo, hay varios usos del futuro de probabilidad.

SUSI: ¿Cuándo va a llegar Carmen?

IRIS: Ya ha llegado. **Estará** en la cocina, comiendo algo, porque dijo que tenía hambre. Oye, ¿has visto mis llaves por aquí? No sé dónde las he dejado.

SUSI: No, no las he visto. **Estarán** debajo de algo. Después de entrar, ¿adónde fuiste primero?

IRIS: A mi habitación.

SUSI: Entonces las **encontrarás** allí. No te preocupes, si las tenías para abrir la puerta, no pueden haberse perdido.

Cuando Iris dice que Carmen *estará* en la cocina, lo dice porque cree que ella probablemente está allí. Cuando Susi le dice a Iris que sus llaves *estarán* debajo de algo, no se refiere a la futura ubicación de las llaves, sino a su probable ubicación actual. Igualmente, cuando Susi dice que Iris *encontrará* las llaves, está expresando la probabilidad de que pase esto.

Ejercicio **1.2**   a.   ¿Bajo qué circunstancias respondería uno a la pregunta *¿Qué hora es?* con el futuro simple: *Serán las doce?* Sugiera un contexto que explique el uso del futuro en esta oración.

b.   ¿Ha dicho Ud. alguna vez (o ha oído) *That'll be John?* ¿Bajo qué circunstancias puede usarse el tiempo futuro así en inglés?

A diferencia del futuro simple, la fórmula *ir + a + infinitivo* implica que la realización de la situación es relativamente segura. Se espera, por ejemplo, que una situación que ya ha comenzado se finalice en el futuro. Cuando se dice

Si quieres conocer a Marcos, lo voy a invitar a la fiesta.

lo que se comunica por medio del futuro compuesto es que el hablante ha tomado la decisión de invitar a Marcos. Si el oyente quiere conocerlo, lo puede hacer en la fiesta. En contraste, cuando se dice

Si quieres conocer a Marcos, lo invitaré a la fiesta.

el hablante no sabe todavía si va a invitar a Marcos y la invitación depende de la voluntad del oyente. El futuro simple se usa aquí para hacer referencia a un acto futuro que todavía no se ha iniciado y cuya realización depende de otro factor.

Recuerde que el tiempo gramatical no es absoluto, sino relativo. Esta idea permite relacionar el futuro simple con otra forma con la que tiene mucho en común: el condicional. El condicional sirve para expresar la futuridad en un contexto pasado; en otras palabras, es un futuro relativo al pasado. También expresa probabilidad en el pasado, al igual que el futuro expresa probabilidad en el presente. Estos dos usos del condicional aparecen en el siguiente diálogo.

PALOMA: Hoy ha llamado Javier para decir que no llega hasta las diez.
BERTÍN: ¿Cuándo te dijo eso?
PALOMA: Después de comer. . . . **Serían** las tres.
BERTÍN: Ah, porque me llamó a la oficina por la mañana diciendo que **llegaría** sobre las seis.
PALOMA: Bueno, ya conoces a Javier. Llegará cuando llegue.

El condicional lleva su nombre por su frecuente uso en frases que explícitamente expresan una condición. Una condición contraria a los hechos impide la realización de la situación verbal.

Si pudiera prestarte el dinero, lo **haría.** (*el préstamo es imposible*)

vs.

Si puedo prestarte dinero, lo **haré.** (*el préstamo es posible*)

En frases de este tipo, los verbos conjugados en el condicional nombran situaciones hipotéticas que no se van a realizar. El resultado de esta relación entre el condicional y la negación es que el condicional se entiende como la expresión de un grado mínimo de probabilidad. En muchos casos, ni siquiera hace falta explicar cuál es la condición que imposibilita la situación; el uso del condicional es suficiente sin más. Por ejemplo, si a la pregunta ¿*Vienes mañana?* se responde *Vendría, pero . . .,* ya se sabe que el hablante no viene.

Ejercicio 1.3 Lea estos pequeños diálogos y fíjese que José va a conseguir lo que quiere cuando Juan le responde con el futuro pero no cuando le responde con el condicional. Luego, sugiera otra manera de completar las frases.

a. **JOSÉ:** ¿Cuándo me van a pagar?

JUAN: Cobrarás, pero primero tienes que rellenar este formulario / en este momento no hay nadie en la caja.

Cobrarás, pero . . .

JOSÉ: ¿Cuándo me van a pagar?

JUAN: Cobrarías, pero la compañía está en bancarrota / ese credencial es falso.

Cobrarías, pero . . .

b. **JOSÉ:** ¿A qué hora llega el director?

JUAN: Llegará, pero a veces hay mucho tráfico / sólo son las las 8:10.

Llegará, pero . . .

JOSÉ: ¿A qué hora llega el director?

JUAN: Llegaría, pero esta semana está de vacaciones / dimitió la semana pasada.

Llegaría, pero . . .

El aspecto y las formas perfectas del verbo

Ya se ha dicho que el tiempo verbal se asigna con respecto al punto de referencia del hablante y que todas las formas verbales que manifiestan tiempo (presente, pasado, futuro) manifiestan también persona (primera, segunda, tercera). No todas las formas verbales, sin embargo, expresan tiempo y persona; el español cuenta con tres formas impersonales del verbo: el infinitivo, *cantar* (comentado en el Capítulo 5), el participio, *cantado* (comentado en el Capítulo 3), y el gerundio, *cantando* (comentado en el Capítulo 8). Ninguna de estas tres formas lleva desinencias que expresen persona o tiempo.

El participio y el gerundio se interpretan a base del **aspecto. El aspecto clasifica una situación verbal según su desarrollo interno.** A diferencia del tiempo, el aspecto no se relaciona con ningún momento en el tiempo, sino que se relaciona con ciertas fases del desarrollo de una situación. Los dos tipos del aspecto que tienen expresión en el sistema verbal del español son **la perfectividad** y **la progresividad.** La progresividad se comentará en el próximo apartado. En cuanto a la perfectividad, **una situación verbal se considera perfectiva si tiene un punto final identificable.** El participio expresa el aspecto perfectivo; se refiere a situaciones que tienen un punto final.

Todas las conjugaciones perfectas constan de una forma del verbo *haber* más el participio (en contraste con las formas simples, que constan de una sola palabra). El tiempo es expresado por *haber* y el aspecto perfectivo por el participio. Aquí se puede apreciar claramente que el tiempo y el aspecto son categorías independientes porque los tres tiempos (pasado, presente y futuro) pueden combinarse con el participio (aspecto perfectivo) para formar los tiempos perfectos.

En español se emplea una combinación del participio con el tiempo presente de *haber* para describir situaciones acabadas que mantienen algún vínculo con el presente. Este vínculo puede ser sencillamente que alguna situación de larga duración sigue siendo relevante. En muchos casos, se usa el presente perfecto para hablar de una situación que comenzó en algún momento anterior y que sigue hasta el momento actual.

> Los murciélagos son animales cuya mayor fuente de divulgación **ha sido,** durante las últimas décadas, la literatura fantástica y el cine de terror. Desde hace generaciones, se les **han asociado** supersticiones y maldiciones, probablemente porque son activos durante la noche. Estas circunstancias los **han envuelto** en un ambiente de misterio.

Podemos representar el contexto temporal de esta descripción así:

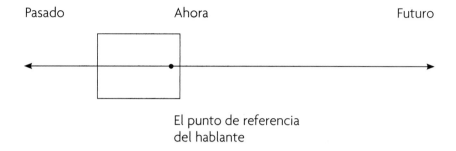

Cuando el hablante necesita comunicar que una situación pasada es previa a otra, se vale de una combinación del tiempo pasado de *haber* con el participio.

Llegamos al aeropuerto y no sabíamos qué hacer. Claro, nuestros amigos nos **habían dado** su dirección y teléfono, pero no teníamos ni idea si estábamos cerca o lejos de allí. La semana antes **habíamos hablado** con Enrique, pero ya sabes que es un poco despistado. Así que cuando lo llamamos desde el aeropuerto, se puso su madre y parece que a Enrique se le **había olvidado** que veníamos, porque se **había marchado** a la montaña por tres días.

Las formas verbales señaladas aquí pertenecen a la conjugación del **pluscuamperfecto** (una palabra que significa "más que pasado") que expresa la anterioridad de un verbo a otro en el pasado.

También existen los tiempos perfectos correspondientes al futuro y al condicional. La combinación del tiempo futuro con el participio perfectivo expresa o una probabilidad pasada (debido a la combinación del elemento perfectivo con el tiempo futuro) o sencillamente una situación futura previa a otra. Se decide si se ha comunicado un mensaje u otro de acuerdo con el contexto.

Nunca vi a Pablo estudiar, pero **habrá estudiado** mucho porque ha aprobado el examen de fin de año. (*futuro perfecto de probabilidad*)

Pablo ha puesto manos a la obra, y para el lunes **habrá estudiado** mucho. (*futuro perfecto previo a otro momento futuro*)

Ejercicio **1.4**   Complete las frases, utilizando el futuro perfecto para describir lo que se habrá hecho antes de que Ud. se gradúe.

Cuando yo acabe la carrera universitaria,

a. mis padres . . .	e. el presidente . . .
b. mis hermanos . . .	f. el actor más popular de ahora . . .
c. mi novio(-a) . . .	g. mi búsqueda de trabajo . . .
d. yo . . .	h. la crisis del petróleo . . .

La forma compuesta del condicional combina las características semánticas de cada una de sus partes constituyentes: al ser un perfecto tiene que referirse a una situación acabada, y al ser un condicional tiene que referirse a una situación que nunca llegó a realizarse. Fíjese en los verbos en negrita en este diálogo, que se refieren en cada caso a una situación que no ocurrió.

Sergio: ¿Por qué has comprado un carro tan grande? Yo **habría comprado** uno pequeño y nuevo en vez de ése grande de segunda mano.

Felipe: Mira, por una parte siempre me han gustado los carros grandes. Son más cómodos, ¿sabes? Además, si hubiera comprado uno nuevo, **habría tenido** que pagar bastante más de seguro.

Sergio: ¿El seguro de un carro nuevo pero pequeño te **habría costado** mucho más?

Felipe: El agente me dijo que me costaría por lo menos el doble. Mira, me **habría hecho** ilusión estrenar un carro nuevo, pero . . .

Ejercicio 1.5 Complete estas frases con un verbo conjugado en el condicional o el condicional perfecto.

a. Si tuviera un millón de dólares, (yo) . . .

b. Si pudiera viajar a cualquier sitio, . . .

c. Si volviera a tener 15 años, . . .

d. Si lo hubiera pensado dos veces, . . .

e. Si no hubiera estudiado español, . . .

f. Si todo fuera diferente, . . .

g. Si hubiera elecciones mañana, . . .

h. Si no hubiera pasado lo que pasó, . . .

El aspecto y las formas progresivas del verbo

Una situación verbal es considerada como progresiva si se encuentra en transcurso: entre la fase inicial y la final. **El gerundio expresa el aspecto progresivo,** y como consecuencia se refiere a situaciones que transcurren a lo largo de un período de tiempo.

Todas las conjugaciones progresivas constan del verbo *estar* (o *ir, venir* u otro verbo de movimiento) y el gerundio. *Estar* sirve para situar el gerundio en el tiempo, al igual que sitúa las entidades en el espacio (véase el Capítulo 3 sobre *estar*). Una vez más, se ve que el tiempo y el aspecto son diferenciables; la progresividad puede aparecer en cualquier marco temporal.

Pasado: Cuando llamaste, **estaba leyendo** el correo electrónico.

Presente: Ahora mismo **estoy leyendo** el correo electrónico.

Futuro: Seguro que mañana **estaré leyendo** el correo electrónico toda la tarde.

Las conjugaciones progresivas se refieren únicamente al transcurso de la situación verbal. En este sentido, se pueden distinguir de los tiempos simples, que pueden referirse a situaciones menos específicos. En el siguiente diálogo, por ejemplo, Lola y Juan emplean muchos progresivos porque se refieren a lo que está pasando mientras están hablando.

LOLA: ¡Mira ese carro! Ese tonto **está manejando** muy rápido.

JUAN: No grites, mujer. Me **estás poniendo** nervioso.

LOLA: Creo que deberías estar un poco nervioso. **Está nevando** mucho.

JUAN: ¿Y de qué sirve que yo esté nervioso?

LOLA: Bueno, quería decir atento. . . . La carretera se **está poniendo** cada vez más resbaladiza.

JUAN: ¿Quieres manejar tú? Me **estoy cansando** de que me critiques.

Ejercicio **1.6**   Comente la diferencia entre estas frases, inventando un contexto adecuado para cada frase. No se olvide de que las formas progresivas se refieren única y exclusivamente al transcurso de la situación verbal.

a.   Es todo un caballero. / Está siendo todo un caballero.

b.   Luisa tocaba el piano. / Luisa estaba tocando el piano.

c.   Terminaré el proyecto. / Estaré terminando el proyecto.

d.   José habla catalán. / José está hablando catalán.

e.   El hombre camina recto. / El hombre está caminando recto.

f.   Ese tonto maneja muy rápido. / Ese tonto está manejando muy rápido.

g.   Me pones nervioso. / Me estás poniendo nervioso.

h.   Nieva mucho. / Está nevando mucho.

El verbo en inglés también tiene formas progresivas, pero el uso de estas formas no es igual en inglés que en español. En inglés hay que usar las formas progresivas para hacer referencia al momento del habla porque el tiempo presente simple de un verbo de acción se refiere a un presente habitual, repetido. En español, en contraste, el tiempo presente simple tiene los dos significados. Compare los diálogos siguientes.

MARÍA:	Hola, Juan, ¿qué pasa?	MARY:	Hey, John, what's happening? (*what happens)
JUAN:	Este proyecto me vuelve loco.	JOHN:	This project is driving me crazy. (*drives me crazy)
MARÍA:	¿Vas a terminarlo hoy?	MARY:	Are you going to finish it today? (*do you go)
JUAN:	Tal vez. Y entonces me largo.	JOHN:	Maybe. And then I'm leaving. (*I leave)

Observe que el presente progresivo puede usarse para hacer referencia al futuro en inglés (*I'm leaving*) mientras que el presente simple (*me voy*) tiene esta función en español.

La variación

En muchos dialectos europeos del español, el presente perfecto se usa para hablar del pasado reciente. Este uso es muy lógico, ya que la morfología del verbo vincula lo acabado, expresado por el participio, con el tiempo presente de *haber*. Hay ejemplos de este fenómeno en los cuentos escritos por autores peninsulares:

—**He pedido** a sus papás la mano de Luisa —concluyó el abogado. (Baroja)

Lo **han dicho** en la radio. (Millás)

A pesar de ser perfectamente lógico, sin embargo, este uso no es universal en español. Hay otra manera de analizar estas situaciones verbales: han llegado a su punto final y, por lo tanto, corresponden al pretérito. Ésta es la lógica utilizada en muchos dialectos americanos, cuyos hablantes tienden a conjugar los verbos de los ejemplos anteriores en el pretérito: *pedí* y *dijeron*. A veces, desde el punto de vista del hablante peninsular, el hecho de que una situación siga siendo relevante hace que se clasifique como presente perfecto, aunque puede haber ocurrido hace mucho tiempo:

El terremoto más destructivo **ha sido** en el '62. Lo recuerdo como si fuera ayer.

Para muchos hablantes americanos, suena raro combinar una referencia temporal específica, como *en el '62*, con esta forma del verbo. Para estos hablantes, el verbo en esta frase tendría que conjugarse en el pretérito.

Ejercicio **1.7**   Pregúntele a un hablante americano del español cómo le suena esta carta escrita por una niña española, que está llena de ejemplos del uso del presente perfecto. ¿Cuál sería la manera natural de conjugar estos verbos para este hablante? Después de hacer el ejercicio, compare sus resultados con los de sus compañeros de clase. ¿Hay algún informante americano que acepte la carta tal como está escrita aquí?

> Querida abuelita,
>
> Hoy he ido al colegio y he jugado con mis amiguitos. Luego ha venido mamá a recogerme y hemos ido al mercado, y entonces hemos vuelto a casa a preparar la comida. ¿Qué has hecho tú hoy?
>
> Marina

Investigación

1. Vuelva a los diálogos de este capítulo y verifique su comprensión de las varias formas verbales.

2. El contraste señalado en este capítulo entre las dos formas del futuro no se realiza completamente en todos los dialectos del español, aunque la distinción semántica entre un futuro que tiene raíces en el presente y un futuro que todavía no se ha iniciado se suele mantener en los casos claros. Pregúntele a dos hispanohablantes qué forma del futuro prefieren en las siguientes frases, y anote el país de origen de sus informantes. Luego, compare sus datos con los de sus compañeros.

    a. Después de examinar a la Sra. González, el médico le dice
    —Ud. **tendrá / va a tener** un hijo.

    b. Me voy de casa para ir a trabajar. Le digo a mi compañero
    —Si necesitamos comida, llámame y **pasaré / voy a pasar** por el mercado después de trabajar.

    c. En la televisión, el meteorólogo pronostica
    —Hoy la nubosidad **será / va a ser** abundante en el norte.

    d. Antes de salir de viaje, José le dice a su madre
    —Te prometo que **llamaré / voy a llamar** en cuanto llegue.

e. Conoces por primera vez al hijo recién nacido de unos amigos y les dices
    —A juzgar por el poco pelo que tiene, parece que **será / va a ser** pelirrojo.

f. Un hombre enamorado se arrodilla ante su novia y le dice
    —¿Te **casarás / vas a casar** conmigo?

Práctica oral

1. Explíquele a un compañero de clase cuáles son sus planes para el fin de semana. Utilice la construcción *ir + a + infinitivo*.

2. Describa a un compañero de clase cómo será su vida cuando Ud. tenga 40 años. Emplee el futuro simple.

3. Entreviste a un compañero de clase y hágale las siguientes preguntas: ¿Qué cosa siempre ha querido hacer pero no ha hecho nunca? ¿Por qué le ha interesado tanto esta actividad? ¿Por qué no ha podido llevar a cabo sus intenciones?

Lectura guiada

Lea *Nos han dado la tierra* de Juan Rulfo. Después de este primer contacto con el cuento, vuelva al texto y observe lo siguiente:

a. En gran parte del cuento, se emplea o el tiempo presente o el presente perfecto. El mismo título contiene un verbo conjugado en el presente perfecto. Con referencia a lo que hemos aprendido sobre el significado de estas formas verbales, ¿cuál es el significado de su uso en el cuento? El cuento termina con una frase que recuerda al título: *La tierra que nos han dado está allá arriba.* ¿Cuál es el efecto producido en el lector por esta repetición?

b. Mediante el uso de los tiempos verbales, Rulfo establece un contraste entre la realidad cotidiana de los campesinos, narrada en tiempo presente y presente perfecto, y la irrealidad. Fíjese en algunas de las frases que se refieren a la irrealidad:

    Uno **platicaría** muy a gusto en otra parte, pero aquí cuesta trabajo.

    Habría que hacer agujeros con el azadón para sembrar la semilla.

    Aquí no hay ni tantita que **necesitaría** el viento para jugar a los remolinos.

    Explique por qué se usa el condicional en estas frases.

c. Al lado del presente de los campesinos, y de la irrealidad comentada anteriormente, existe el momento muy real en que un delegado del gobierno viene a entregarles a los campesinos "su" tierra. ¿Qué formas verbales están usadas para narrar esta parte del cuento?

d. El diálogo contiene ejemplos del uso de *ir* y *venir* con el gerundio:

> **Hemos venido caminando** desde el amanecer.
>
> . . . Puñito a puñito **se han ido desperdigando.**
>
> Después de **venir** once horas **pisando** la dureza del Llano . . .

Estas combinaciones son bastante corrientes en algunos dialectos (se trata en este caso de un dialecto rural mexicano), sobre todo en la lengua hablada.

Capítulo **2**

El pretérito y el imperfecto

Para empezar

Ejercicio **2.1** Lea este relato y luego traduzca los verbos indicados al inglés. Observe que el contraste entre el pretérito y el imperfecto desaparece en la traducción; aquí, como en muchos otros casos, las dos formas españolas se traducen por el mismo verbo en inglés. Dada esta falta de contraste, hay que investigar estas dos formas verbales con referencia a su función en español; el inglés es un guía poco fiable.

Recuerdos del 11 de septiembre

Casi todos recordamos el momento en que **nos enteramos** de la tragedia del 11 de septiembre del 2001. En mi caso, había pasado el fin de semana fuera y **tenía** que volver a casa temprano para dar clase ese día. El avión **salió** a tiempo, y el vuelo **fue** perfectamente normal. Pero, después del aterrizaje, un empleado del aeropuerto **abordó** el avión y nos **dijo** que en Nueva York se había estrellado un avión contra las Torres Gemelas. Lo primero que **pensé fue**, "¡Qué accidente más trágico!" Ni siquiera se me **ocurrió** la posibilidad de que fuera un atentado. De vuelta a la casa, **oí** en la radio que habían cerrado el aeropuerto. ¡El último vuelo que **llegó** antes de que se cerrara **fue** el mío! Después de llegar a casa, **recibí** una llamada de una amiga española que, horrorizada por las noticias, **quería** asegurarse de que **me encontraba** bien. Luego **fui** a la universidad, donde todo el mundo **estaba** desorientado y triste. Del resto de la semana no me acuerdo muy bien; creo que a todos nos **costó** mucho volver a la normalidad.

19

Vamos a aprender qué es comunicado por medio del contraste entre pretérito e imperfecto. De entrada, eliminemos dos posibles fuentes de confusión. Primero, la lengua pone a la disposición del hispanohablante estas dos maneras de describir una situación pasada, pero es el hablante quien decide, según sus propias intenciones comunicativas, cuál va a utilizar. En otras palabras, la decisión se fundamenta en criterios semánticos y no está impuesta por ninguna regla sintáctica o léxica.

Segundo, el contraste no tiene nada que ver con el tiempo. Las dos formas se refieren al tiempo pasado; un verbo conjugado en el imperfecto es igualmente pasado que un verbo conjugado en el pretérito. La diferencia entre las dos formas verbales tiene que ver con su aspecto, o sea, con lo que comunican sobre el desarrollo interno de la situación verbal. El pretérito y el imperfecto expresan la perfectividad y la progresividad, respectivamente (los dos aspectos comentados en el capítulo anterio), pero siempre en tiempo pasado.

Análisis

El carácter aspectual del contraste

Empecemos nuestra investigación con una hipótesis. Digamos que **el hablante elige el pretérito cuando clasifica una situación verbal como completa en un contexto pasado y elige imperfecto cuando clasifica una situación como incompleta en un contexto pasado**. Veamos si esta hipótesis sirve para explicar los datos expuestos a continuación.

Es importante reconocer que el hecho de que una situación no se haya completado en cierto contexto pasado no quiere decir que nunca terminó. Cuando un hablante clasifica una situación como imperfecta, sólo comunica la imperfectividad relativa de la situación. Observe la conjugación del verbo *nacer* en el siguiente diálogo.

> VICTORIA: Oye, Maribel, ¡ayer **nació** mi sobrina, y le han puesto Victoria!
> MARIBEL: ¡Enhorabuena! ¿Y cómo se encuentra tu hermana?
> VICTORIA: Lo pasó muy mal cuando **nacía** la niña, pero ahora está bien.

Los dos verbos se refieren al nacimiento desde diferentes perspectivas. El pretérito lo describe como un hecho consumado, mientras que el imperfecto lo describe como un proceso que no había llegado a su punto final.

Desde luego, ciertos verbos parecen prestarse a una u otra clasificación aspectual. El hecho de que las acciones tengan principio y fin les confiere una definición semejante a la del aspecto perfectivo, y las situaciones estáticas o habituales son indefinidas por naturaleza, igual que el aspecto imperfectivo. Sin embargo, un verbo de estado puede conjugarse en el pretérito, y un verbo de acción en el imperfecto, según las intenciones comunicativas del hablante. Observe, por ejemplo, los usos de *gustar* en el siguiente diálogo.

INMA: ¡Rafa, has vuelto! ¿Qué tal tu año en Nueva York?
RAFA: La ciudad me **gustó** desde el primer momento, a pesar de todas mis dudas.
INMA: ¿Y qué esperabas?
RAFA: Pensaba que no me **gustaban** las ciudades. Tú sabes: la contaminación, el ruido. Pero hay más ventajas que desventajas.

Rafa escoge el pretérito (*gustó*) para describir su reacción al llegar, mientras que su opinión previa (*gustaba*) no puede limitarse de esta manera.

Escribir, un verbo de acción, puede conjugarse en el imperfecto si la acción aún no se ha completado con respecto a otra situación verbal.

PACO: Femy, ¿puedes salir esta noche?
FEMY: No, lo siento. Es que ayer sólo **escribí** tres páginas de este trabajo.
PACO: ¿En un día sólo pudiste hacer eso?
FEMY: Bueno, es que mientras **escribía** vino Carmen y, con lo habladora que es . . .

Femy escribió tres páginas y el pretérito significa que completó esas páginas. Pero todavía estaba escribiendo cuando llegó Carmen y esta acción interrumpida se describe con el imperfecto.

Pretérito e imperfecto en el contexto de la frase

Un contexto pasado puede limitarse a una sola frase o puede extenderse a toda una conversación o a un cuento. Vamos a empezar con la frase porque constituye un contexto muy reducido, lo cual facilita el análisis. Las frases del párrafo que aparece a continuación ejemplifican algunos contrastes básicos.

© agefotostock/Superstock

Sabía que en Pamplona se **dejaba** correr a los toros por la calle durante las fiestas de San Fermín. Sin embargo, no lo **pude** creer cuando **leí** lo que había pasado. Un turista **murió** corneado mientras **participaba** en la fiesta popular pamplonense. Sólo **tenía** veinte años y no **hablaba** español. Por lo visto, **desconocía** que **era** peligroso estar allí al alcance de los toros. Y cuando **trató** de escaparse, no **encontró** salida entre la muchedumbre. ¡Qué horror! Me **tuve** que preguntar por qué la gente **corría** tales riesgos.

Cuando hay dos verbos en pretérito en una frase (*pude . . . leí, trató . . . encontró*), se entiende que las situaciones son consecutivas. Así se interpreta la relación entre dos situaciones completas que ocurren en el mismo contexto. Cuando hay un verbo en el pretérito y otro en el imperfecto (*murió . . . participaba, tuve . . . corría*), se entiende que la situación marcada con el pretérito ocurre durante el transcurso de la situación marcada con el imperfecto. Cuando los dos verbos están en el imperfecto (*sabía . . . dejaba, tenía . . . hablaba, desconocía . . . era*), lo único que se puede saber es que las dos situaciones ocurren de manera paralela en el pasado.

Hay una situación que sirve como trasfondo de todas las demás: el tiempo. El tiempo no tiene ni principio ni fin, así que es imposible atribuirle unos límites definidos. Por eso se usa el imperfecto para decir la hora en el pasado, aún cuando se refiere a un momento especifico: *Eran las dos en punto cuando llegó el correo.*

Ejercicio **2.2**   Escriba tres frases en las que haya dos verbos en el pretérito. Puede usar como modelos las dos siguientes frases.

    a.   Me llamó José y despertó a mi compañero de cuarto.

    b.   Me hice mucho daño cuando me caí.

    c.

    d.

    e.

Ejercicio **2.3**   Escriba tres frases en las que haya dos verbos, uno en el pretérito y otro en el imperfecto. Puede usar como modelos las dos siguientes frases.

    a.   Supe ayer que nos venían a visitar.

    b.   Estaba lloviendo cuando me levanté.

    c.

    d.

    e.

Ejercicio **2.4**   Escriba tres frases en las que haya dos verbos en el imperfecto. Puede usar como modelos las dos siguientes frases.

    a.   Cuando era niña admiraba mucho a mi abuela.

    b.   Sabía que la solución no era fácil.

    c.

    d.

    e.

Las frases que aparecen a continuación ejemplifican las cuatro relaciones que puede haber entre dos situaciones verbales. Estas frases describen el final de un concierto y todas ellas son gramaticales. Al igual que en los ejemplos anteriores, se entiende que dos situaciones descritas como pretéritas ocurren consecutivamente en un mismo contexto y dos situaciones descritas como imperfectas ocurren simultáneamente. Cuando coinciden los dos tipos de situación, se entiende que lo pretérito ocurre durante el transcurso de lo imperfecto.

Cuando terminó el concierto, salía el público.

(Estaba saliendo gente cuando el concierto llegó a su fin.)

Cuando terminaba el concierto, salía el público.

(Estaba saliendo gente durante la última parte del concierto.)

Cuando terminó el concierto, salió el público.

(El concierto llegó a su fin, y luego se fue todo el mundo.)

Cuando terminaba el concierto, salió el público.

(Todo el mundo se fue durante la última parte del concierto.)

Observe que el pretérito *terminó* se refiere a un momento muy específico, mientras que el imperfecto *terminaba* se refiere a un período que no puede delimitarse claramente; no se sabe exactamente cuándo empieza ni cuándo termina la última parte de un concierto.

Ejercicio **2.5** He aquí otro par de situaciones que pueden relacionarse de cuatro maneras, según su aspecto. Escriba las cuatro combinaciones posibles y prepárese para describir detalladamente la interacción de las dos situaciones en cada caso.

Cuando Geraldo **llegar** a la cena, los demás **empezar** a comer.

El carácter léxico del contraste pretérito/imperfecto en inglés

El inglés tiene sólo una forma simple en tiempo pasado, la que termina en *-ed* en los verbos regulares. Esto no quiere decir, sin embargo, que sea imposible expresar el contraste aspectual en inglés. En algunos casos, este contraste es expresado por medio del léxico; es decir, con diferentes verbos.

Tomemos como ejemplo el verbo *acabar*, cuyo pretérito corresponde a la idea de *finished* y cuyo imperfecto se traduce *had just*.

Acabó de corregir el ensayo justo antes de entregarlo.

vs.

Acababa de corregir el ensayo cuando dejó de funcionar la impresora.

El hecho de que haya diferentes maneras de traducir *acabar* al inglés no quiere decir, desde luego, que este verbo sea un verbo especial en español. Todo lo contrario: en este caso, como en todos, el significado del verbo conjugado es una síntesis del significado léxico de la palabra y del significado de su desinencia. *Acabó* se refiere a un momento específico, el momento culminante del desarrollo de la situación verbal. *Acababa*, en contraste, no tiene estos límites y es inespecífico. Cuando una persona acaba de corregir un ensayo, puede haberlo corregido hace un segundo o hace unos minutos; es imposible definir este período.

Ejercicio **2.6** En las siguientes frases, el mismo verbo puede traducirse al inglés de dos maneras. Lea las frases y sugiera una traducción apropiada para los verbos indicados. Observe que en algunos casos (*quise, no quiso, pudimos*), el pretérito le confiere al verbo un significado tan concreto que en inglés usamos un verbo de acción para traducirlo.

a. Supo la noticia por la tele. *vs.* No sabía que la situación era tan grave.

b. Conocí a mi marido en una clase. *vs.* Conocía a su hermana, pero no a él.

c. Quise llamarte anoche, pero tu línea estaba ocupada. *vs.* Quería llamarte, pero se me olvidó.

d. Por fin comprendí el ejercicio. *vs.* Me costó traducir el poema, aunque lo comprendía.

e. Ana no quiso acompañar a su madre a misa. *vs.* Teo no iba a misa cuando no quería.

f. A pesar del tráfico, pudimos llegar a la playa. *vs.* En California, podíamos ir a la playa en invierno.

g. Tuvo el cheque ayer. *vs.* Tenía el dinero cuando se lo pedí.

h. Estuve tres días en París. *vs.* Vi a Yves cuando estaba allí.

Con el tiempo pasado simple en inglés, no se distingue entre el aspecto perfectivo y el imperfectivo, pero hay verbos auxiliares que expresan la imperfectividad: *was/were VERBing, would VERB* y *used to VERB*. Observe el párrafo que sigue y su traducción al inglés. En algunos casos la imperfectividad se expresa de manera explícita en la traducción, pero en la mayoría de los casos el contraste aspectual sencillamente no se expresa.

Cuando **conocimos** a Lidia, **no nos dimos cuenta** de que **era** de Brasil. Nos **engañó,** porque **hablaba** muy bien inglés. Había estudiado en una escuela donde los profesores **insistían** en que los estudiantes hablaran inglés. Le **pregunté** dónde **pensaba** hospedarse y me **dijo** que **quería** vivir en el campus. **Fuimos** a preguntar, pero todo **estaba** completo. Antes **había** muchos apartamentos disponibles, pero ahora hay una lista de espera. Lidia se **dio** cuenta de que **tenía** que vivir fuera del campus.

*When we **met** Lidia, we **didn't realize** she **was** from Brazil. She **fooled** us, because she **spoke** really good English. She'd studied in a school where the professors **would insist** that the students speak English. I **asked** her where she **was planning** to stay, and she **told***

*me she **wanted** to live on campus. We **went** to ask, but everything*
***was** full. There **used to be** lots of apartments available, but now*
*there's a waiting list. Lidia **realized** she **would have to** live*
off campus.

El pretérito y el imperfecto en contextos narrativos

Hemos visto cómo el pretérito presenta las situaciones con sus límites
definidos, mientras que el imperfecto las presenta de manera menos pre-
cisa. Esta diferencia lleva a una interpretación muy común del contraste
aspectual: en muchos casos, sobre todo en contextos narrativos, el pretérito ocupa el primer plano de la narración, mientras que el imperfecto
ocupa el segundo plano.

A continuación, examinaremos un contexto narrativo en que el contraste entre el pretérito y el imperfecto se ve con especial claridad. Se trata
de un cuento de hadas, un género que tiene una estructura altamente
convencional. Estos cuentos comienzan típicamente con una introduc-
ción narrada en el imperfecto:

> **Érase** una vez, en una ciudad muy lejos de aquí, una muchacha
> guapísima. **Se llamaba** la Cenicienta porque **dormía** junto al
> fuego en la cocina y por eso **tenía** la cara manchada de cenizas.
> **Tenía** dos hermanastras muy feas y una madrastra muy cruel.

Estas frases introductorias no hacen referencia a ningún acontecimiento
concreto sino que describen una situación habitual, de la cual no se conoce ni el comienzo ni el fin. Al producirse la primera acción, ésta aparece en el pretérito:

> Un día **vino** un representante del rey y **anunció** que **iba** a haber
> un gran baile en el palacio.

El empleo de este pretérito después de una serie de imperfectos
sirve para resaltar la acción. En el resto del cuento, el pretérito sigue
usándose para avanzar la historia, mientras que el imperfecto se emplea
para ambientarla. *Iba* se refiere al futuro; ya que el imperfecto sirve para
describir situaciones ilimitadas, se presta a expresar la futuridad.

> ¿Por qué se **organizaba** este baile? Porque el rey **quería** que
> su hijo conociera a su futura esposa. Todas las jóvenes del
> reinado **empezaron** a prepararse para el baile. Pero la pobre
> Cenicienta no **hizo** nada; ya **sabía** que no **tenía** tela para
> hacerse un vestido. ¡Pobre chica! La noche del baile, **fue** al
> jardín a llorar sola. En ese momento, **apareció** un hada. Esta
> hada **llevaba** una varita mágica y le **dio** a la Cenicienta un

vestido magnífico, unos zapatos dorados y hasta un carruaje para llevarla al palacio. Así que la Cenicineta **fue** al baile y el príncipe se **enamoró** de ella en cuanto la **vio**. Se **casaron** y **vivieron** felices y **comieron** perdices.

Analicemos ahora algunos de los verbos para establecer la relación entre el contraste aspectual y el significado del cuento.

¿Por qué se **organizaba** este baile?

El uso del imperfecto en esta frase implica que el baile no está organizado todavía. De hecho, es un evento futuro en este momento.

Porque el rey **quería** que su hijo conociera a su futura esposa.

Lo que quiere el rey aún no se ha realizado: el príncipe no ha conocido a su futura esposa. El uso del imperfecto describe su sueño incumplido.

Pero la pobre Cenicienta no **hizo** nada; ya **sabía** que no **tenía** tela para hacerse un vestido.

La única reacción de la Cenicienta es no hacer nada; esta reacción aparece en el pretérito. Lo que sabe, en cambio, lo ha sabido desde siempre; esta inmutabilidad se expresa por medio del imperfecto.

La noche del baile **fue** al jardín a llorar sola.

El uso del pretérito significa que la Cenicienta se encamina hacia el jardín (principio) y acaba allí (fin). Esta acción se acaba antes de la aparición del hada; por eso entendemos que el encuentro ocurre en el jardín. Desde luego, se podría decir *iba al jardín*, pero por esto se entendería que la Cenicienta no había llegado al jardín cuando le apareció el hada.

Esta hada **llevaba** una varita mágica.

Cuando aparece el hada, ésta ya tiene la varita mágica en la mano. Como no sabemos ni cuándo la cogió ni cuándo la dejó de tener (ni nos interesa), hay que usar el imperfecto.

Ejercicio **2.7**   En el siguiente párrafo, se describe cómo se encuentra un hombre el día después de haberse emborrachado. Lea el párrafo y después explique (basándose en el modelo del cuento de la Cenicienta) cómo se utiliza la clasificación aspectual de los verbos señalados para relacionar cada situación verbal al resto del relato.

> Ignacio había bebido tanta cerveza que se le habían olvidado los detalles de sus aventuras. **Estaba** en su habitación, pero no se **acordaba** de su regreso del bar. **Era** de día y el sol **entraba** por las persianas rotas. **Abrió** los ojos y los **cerró** inmediatamente. **Pasaron** algunos minutos y **volvió** a abrir los ojos. **Vio** que todavía **llevaba** la ropa de la noche anterior y que **estaba** muy sucia. La música que siempre **venía** de alguna radio cercana le **daba** dolor de cabeza, de muelas, de todo. **Juró** que nunca **iba** a repetir esta experiencia.

Ejercicio **2.8** He aquí el cuento de hadas *Ricitos de Oro y los tres ositos* en inglés. Para cada verbo, decida qué forma del pasado (pretérito o imperfecto) expresa mejor las relaciones entre las varias situaciones verbales. Prepárese para explicar sus elecciones.

> *One day, a little girl with golden hair **got lost** in the forest. After walking for a long time, she **came** to a house where three bears **lived**. But the bears **weren't** at home, so she **went** inside. She **walked** through the whole house and **saw** that somebody her age **lived** there: **there was** a little bowl on the table, a little chair by the window, and a little bed upstairs. After looking through the house, Goldilocks **realized** that she **was** hungry, so she **ate** the porridge in the little bowl. Then she **rested** for a while in the little chair, and then she **went to sleep** in the little bed. She **slept** until the three bears **came back**.*

Usos especiales del contraste entre pretérito e imperfecto

Mediante una metáfora podemos comprender mejor el contraste aspectual: un contexto lingüístico es como una escena visual. Cuando una persona contempla una escena, se fija sólo en ciertos detalles; hay otros detalles que apenas percibe. De la misma manera, el hablante puede enfocar su atención en una parte de lo que quiere comunicar y a la vez relegar otras partes a un segundo plano. **En español, se emplea el pretérito para resaltar ciertas partes del discurso y el imperfecto para desenfocar otras.**

Cuando el hablante percibe una situación desde una perspectiva no convencional, el resultado lingüístico será, lógicamente, poco convencional. Los sueños, por ejemplo, producen una percepción que tiene consecuencias lingüísticas; es común narrar los sueños casi exclusivamente en el imperfecto.

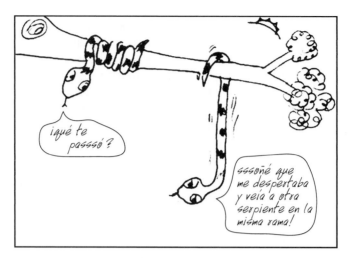

Los sueños son irreales, y su falta de definición lleva al uso del imperfecto para describirlos.

Otro de los usos especiales del pretérito y el imperfecto se da en el periodismo. En los periódicos se transmite tanta información que a veces hay que desenfatizar lo que no sea de primera importancia. En el siguiente artículo se usa el imperfecto con este fin. En el artículo, que trata unos sucesos relacionados con un acto celebrado en Madrid, destacan los verbos relevantes al acto. Todo lo demás ocupa el segundo plano, aunque bien podría merecer más atención —y otra clasificación aspectual— si fuera el tema principal del artículo.

Muere un coronel del Ejército

La violencia terrorista **enlutó** el miércoles el acto de la firma del tratado de adhesión de España a la Comunidad Económica Europea. Un coronel del Ejército **fue** asesinado en la mañana de ese día en Madrid; pocas horas más tarde **hacía** explosión el vehículo usado por los criminales en su huida. Por la tarde, en Vizcaya, un brigada de la Marina **era** igualmente asesinado. A pesar del asesinato, la firma del tratado se **celebró** con toda solemnidad en la capital.

Una generalización lingüística debería explicar todos los datos porque el lenguaje no-convencional es tan auténtico como el lenguaje convencional. Entonces, hay que enmendar nuestra generalización original para dar cuenta de todos los usos del pretérito y el imperfecto. En el sentido más amplio, **el pretérito se usa para describir situaciones verbales que se perciben como definidas o acabadas en un contexto pasado, y el imperfecto se usa para describir situaciones verbales que se perciben como indefinidas o inacabadas en un contexto pasado.**

La variación

El contraste entre pretérito e imperfecto se da en todos los dialectos del español. En este sentido, no hay variación entre hablantes. Pero tal como vimos en el capítulo anterior, en algunos dialectos de la lengua, como en el norte y el centro de España, es corriente usar el presente perfecto como un simple pretérito. En el diálogo del cuento *Ella no se fijaba,* (Millás) hay varios ejemplos de este uso. También aparece en el siguiente trozo extraído de *El encargo* (Puértolas):

> Estaba escribiendo la última línea cuando llamaron a la puerta. El mensajero venía con el tiempo justo. Respiraba con dificultad porque había venido corriendo.
>
> —No conocía este barrio y me **he perdido**— dijo.

Las gramáticas explican a menudo que este uso del presente perfecto en el español peninsular se limita a acontecimientos recientes, transcurridos dentro de un período que sigue siendo relevante desde el punto de vista del hablante. Pero la verdad es que el presente perfecto y el pretérito se solapan en el habla de muchos españoles. No es infrecuente oír en la radio frases como *Los reyes **han llegado** ayer a Zaragoza,* en que el uso del presente perfecto llama la atención porque el adverbio *ayer* sirve claramente para marcar cierta distancia entre el acontecimiento y el hablante.

Forges. Cedidos los derechos de reproducción. Reproduced by permission.

Investigación

1. En los obituarios se ven frases como *El difunto* **estuvo** *casado con María del Carmen Pérez* y *El difunto* **estaba** *casado con María del Carmen Pérez.* Por supuesto, estas dos frases no tienen el mismo significado. Explique la diferencia entre ellas.

2. En español, los cuentos de hadas suelen empezar con la frase *Érase una vez* o *Érase que se era*, y suelen concluir con *Vivieron felices y comieron perdices.* ¿Cuál es la implicación del empleo del imperfecto al principio y del pretérito al final?

3. Vuelva a leer *Recuerdos del 11 de septiembre* y observe el uso del pretérito y el del imperfecto. ¿Entiende ahora por qué se han utilizado las dos formas verbales en su contexto?

4. En el capítulo anterior, se habla de la conjugación pluscuamperfecta, que consta del imperfecto del verbo *haber* más un participio. También se da la combinación del pretérito de *haber* más el participio (que se llama el pretérito anterior), aunque esta forma verbal es de poco uso. Se puede decir, por ejemplo, *Justo después de que hubo salido, cerré la puerta.* ¿Cuál será el significado de esta combinación? ¿A qué se debe el contraste semántico que hay entre esta forma y el pluscuamperfecto?

Práctica oral

1. Pídale a un hablante nativo del español que describa brevemente el día más memorable de su vida. Grabe la narración y transcríbala. Subraye todas las formas del pretérito y del imperfecto y explique los motivos del uso de una u otra forma.

2. Hágale estas dos preguntas a un compañero de clase: *¿Qué hacías cuándo oíste la primera noticia sobre los atentados del 11 de septiembre?* y *Qué hiciste cuando oíste las primeras noticias sobre los atentados del 11 de septiembre?*

Lectura guiada

En muchos casos, la elección del tiempo verbal se debe a características objetivas de la situación verbal. Sin embargo, estas características pueden ser ignoradas u ocultadas según las necesidades creativas de un escritor. Vemos dos ejemplos de esto en *Continuidad de los parques* de Julio Cortázar y *Águeda* de Pío Baroja. Lea estos cuentos; luego vuelva al texto e identifique los verbos conjugados en el pretérito y los verbos conjugados en el imperfecto. Podemos ver que se utiliza sólo el imperfecto en ciertas partes de los relatos. ¿Cómo podemos explicar este fenómeno?

a. El cuento de Cortázar, en el que la realidad y la fantasía están entrelazadas, empieza con una alternancia convencional entre el pretérito y el imperfecto. Luego se utiliza sólo el imperfecto para describir los acontecimientos que tienen lugar en la novela leída por el protagonista del cuento. Cuando los protagonistas de la novela penetran el mundo "real" del cuento, reaparece el pretérito y Cortázar lo utiliza por primera vez para describir sus acciones. Tenga esto en cuenta al leer el cuento, e identifique el momento en que el cuento dentro del cuento se confunde con el cuento mismo. ¿Qué es lo que Cortázar consigue expresar mediante el uso del contraste aspectual?

b. En el cuento de Baroja, también se emplea el contraste entre el pretérito y el imperfecto de manera significativa. En *Águeda*, la protagonista lleva una vida muy aburrida y repetitiva. Todas las descripciones de esta vida, que constituyen la mayor parte del cuento, aparecen en el imperfecto. En un momento dado, Águeda se enamora y el pretérito aparece sólo mientras dura este amor. Lea el cuento y fíjese cómo el uso restringido del pretérito sirve para resaltar el breve romance. ¿Qué características del contraste entre el pretérito y el imperfecto aprovecha Baroja para contarnos esta historia?

Capítulo 3

Ser, estar y haber

Para empezar

Hasta ahora hemos examinado cómo expresan el aspecto y el tiempo ciertas conjugaciones verbales. Ahora vamos a examinar el significado léxico de tres verbos que se distinguen de los demás verbos en español. *Ser, estar* y *haber* distan de ser verbos prototípicos. Primero, no nombran una acción o proceso; su significado léxico es muy poco concreto. Segundo, pueden funcionar como verbos auxiliares. Hemos visto que se emplea *haber* para formar los tiempos perfectos y *estar* para formar los tiempos progresivos, y veremos que *ser* se utiliza para formar la voz pasiva. Por cierto, en muchas lenguas se utilizan verbos de este tipo como auxiliares; piense, por ejemplo, en los verbos auxiliares *to be* y *to have* en inglés.

Con respecto a *ser* y *estar*, muchos anglohablantes creen que los dos verbos son muy parecidos, ya que tienen la misma traducción: *to be*. Sin embargo, para el hispanohablante estos verbos son diferentes y diferenciables (y *estar* puede traducirse de otras maneras). Por lo tanto, nuestra discusión de estos verbos se centra en cómo se diferencian entre sí.

Ejercicio 3.1 Para identificar algunas de las posibilidades que se presentan en español, haga la siguiente traducción del castellano al inglés. A continuación, intercambie su traducción con un(a) compañero(a) de clase y cuente cuántas veces aparece una forma del verbo *to be* en su escrito.

Había mucha, muchísima gente en la plaza. No sé de quién fue la idea, pero todos habíamos quedado de encontrarnos delante de la fuente luminosa a las diez si nuestro equipo ganaba el campeonato, porque es más divertido poder compartir la victoria con los demás. Estábamos seguros de que en la plaza habría mucha gente. Yo tenía que encontrar a Carlos y estaba seguro de que eso no iba a ser nada fácil. Estaba intentando acercarme a la fuente cuando oí la voz de Carlos, quien estaba detrás de mí. Juntos podíamos tratar de localizar a los otros.

© agefotostock/Superstock

Análisis

El uso de *haber* para presentar

Hay dos verbos *haber* en español. El verbo auxiliar *haber* se usa con el participio para formar los tiempos perfectos; este verbo tiene una conjugación completa. **El verbo presentativo haber sirve para introducir un nuevo tema en el discurso;** este verbo tiene una conjugación limitada (*hay* en tiempo presente, la tercera persona de *haber* auxiliar en los demás tiempos). Es necesario saber identificar nueva información; si el hablante no prepara al oyente de esta manera, pueden surgir malentendidos, como en el siguiente diálogo.

JORGE: Oye, Montse, ¿qué es esto sobre la mesa?
MONTSE: (*En otra habitación*) ¿A qué te refieres?
JORGE: **Hay** una caja aquí.
MONTSE: Ah, son unas galletas para la recepción de esta tarde. No había dónde dejarlas en la oficina.

Si Jorge hubiera empezado diciendo "Hay una caja sobre la mesa" en vez de referirse al pronombre *esto*, Montse habría sabido responder a su pregunta.

Para presentar una entidad genérica, se combina *haber* con la forma singular o plural de un sustantivo sin artículo:

Pero no **hay** agua. (Rulfo)

No **hay** ni conejos ni pájaros. (Rulfo)

También se puede combinar *hay* con un sustantivo introducido por el artículo indefinido para hacer referencia a un miembro de una clase de entidades.

Entre los amigos de la familia **había** un abogado joven, de algún talento. (Baroja)

Lógicamente, no se suele combinar *haber* impersonal con un sustantivo introducido por el artículo definido porque si podemos identificar una entidad, la damos por conocida. Sin embargo, *haber* puede introducir un sustantivo específico cuando se trata de presentar entidades identificadas anteriormente.

TINA: ¿Qué hay de comer?
TONI: Bueno, hay fruta y hay un trozo de pizza.
TINA: Es que me apetece algo caliente.
TONI: Ah, **hay la sopa** que sobró anoche. Y también **hay el estofado** que Mamá nos dejó en el congelador. ¿Te acuerdas? Te lo puedes calentar en el microondas.

Ejercicio **3.2**   Conjugue el verbo *haber* en una forma adecuada según el contexto. Tenga presente lo que ha aprendido sobre la diferencia entre las dos formas del futuro y entre el pretérito y el imperfecto.

A: ¿Cuántas personas _____ en la fiesta mañana? Si _____ mucha gente, a lo mejor no voy porque no me gustan las fiestas multitudinarias.

B: Pues, no sé, pero me imagino que unos 15 o 20. Ya conoces a Pilar, —siempre invita a todo el mundo. ¿Estuviste en su última fiesta?

A: No. Según me acuerdo _____ algún problema de transporte o algo. ¿Qué pasó?

B: Me han dicho que _____ un intercambio de palabras bastante desagradables entre Sergio y Carlos. Espero que esta vez no haya invitado a esos dos.

Haber aparece con los pronombres *lo/la/los/las* cuando la entidad presentada está modificada por un adjetivo.

> **Marisa:** Estamos buscando casa. ¿Sabes cuánto nos va a costar?
>
> **Juanjo:** Bueno, **las hay** que cuestan muchísimo dinero, pero también **las hay** relativamente baratas.
>
> **Marisa:** ¿**Las hay** baratas y grandes?
>
> **Juanjo:** Sólo si quieren vivir fuera de la ciudad.

Ejercicio **3.3**   En el siguiente párrafo, utilice *hay* para introducir nuevos temas y *lo/la/los/las hay* para hacer referencia a entidades previamente mencionadas que están modificadas por adjetivos.

La regeneración

_____ muchos organismos que poseen notables poderes de regeneración. Plantas enteras crecen a partir de simples células. Entre las plantas, _____ que son más complejas que otras, lo cual dificulta el proceso. Los animales también son capaces de una cierta regeneración, pero su capacidad regenerativa es mayor cuanto menor es la diferencia entre sus células. _____ numerosos ejemplos de regeneración entre los invertebrados; las estrellas de mar constituyen un caso muy estudiado. Dentro de los vertebrados, _____ que pueden llegar a regenerar totalmente miembros perdidos. Pero no _____ mamíferos con una capacidad de regeneración tan grande. Aunque los niños pequeños pueden regenerar la punta del dedo, no _____ posibilidad de que regeneren el dedo entero. Esta posibilidad existe sólo en las obras de ciencia ficción.

El uso de *haber* impersonal en la lengua moderna constituye un buen ejemplo de la diferencia entre la gramática prescriptiva y la gramática descriptiva. Según la regla prescriptiva, este verbo tiene sólo una forma por tiempo: *hay, había, hubo, habrá, habría,* etcétera. En tiempo presente se cumple siempre esta regla porque *hay* no tiene plural.

Hay una luz encendida.

vs.

Hay muchas luces encendidas.

Pero en los demás tiempos sí existe una forma plural en la conjugación del verbo auxiliar (*habían, hubieron, habrán, habrían,* etcétera), y es corriente usar el plural cuando el sustantivo es plural.

Había una luz encendida.

vs.

Habían muchas luces encendidas.

La versión prescriptivamente correcta de esta última frase es "Había muchas luces encendidas", pero hoy en día muchos hablantes dicen *habían* (aunque algunos de ellos usan *había* por escrito).

El uso de *ser* para definir

Una vez que una entidad está identificada en el discurso, hay que decidir qué **verbo copulativo**, *ser* o *estar*, va a utilizarse para ligar la entidad con otras partes de la oración. Veremos que, debido al contraste semántico entre ellos, *ser* y *estar* nunca son intercambiables.

Ser es el verbo de definición por excelencia. Cuando aparece al lado de una frase nominal, señala la equivalencia entre su sujeto y algún sustantivo (o pronombre). El significado léxico de *ser* es mínimo en este caso; por esta razón hay muchas lenguas que prescinden de este verbo, dejando que la falta de un verbo indique dicha equivalencia.

Juan **es** el médico de mi pueblo. Estudió muchos años fuera, pero volvió al pueblo porque siempre **ha sido** amante de su tierra. Además, ya tenía casa aquí —**es** una de las antiguas de la época colonial— y su mujer **es** profesora de lengua en el colegio.

Estas equivalencias se establecen entre el sujeto de la frase y algún sustantivo, aunque el sujeto no tiene que expresarse explícitamente. En la primera frase de este texto, Juan aparece como el sujeto (Juan = médico); en la segunda se entiende que Juan es el sujeto aunque no aparece el nombre (Juan = amante). En este tipo de frase, no se puede utilizar *estar*.

Una entidad también puede definirse por sus características, esas cualidades que la diferencian de las demás entidades. En estos casos se utiliza *ser* para ligar el adjetivo, que da nombre a las cualidades, con el sujeto. El origen, la constitución y la pertenencia, por ejemplo, son características.

> CLIENTE: ¿**Es** de menta este licor?
>
> CAJERO: Mire, no sé, porque **es** nuevo y además **es** de Polonia y no leo polaco. Pero supongo que **es** de cereza porque lo han puesto allí al lado del kirsch.
>
> CLIENTE: ¡Qué bonita **es** esta botella!
>
> CAJERO: Esa botella no se vende. **Es** del dueño.

Observe que las frases preposicionales *de menta, de Polonia, de cereza* y *del dueño* funcionan como adjetivos que clasifican el licor y la botella según su origen, constitución y pertenencia. (Véase el Capítulo 10 sobre las preposiciones.)

El uso de *ser* para definir se extiende a todo tipo de entidad. Consideremos una subclase de las entidades: los sucesos. Los sucesos existen en función del tiempo y el lugar en que ocurren; es decir, el tiempo durante el cual transcurren y el sitio donde tienen lugar forman parte de su definición. Por lo tanto esta relación se expresa con *ser*.

> ARACELI: El alcalde dijo que la reunión **sería** a las diez.
>
> EDUARDO: ¿Y **será** en la sala mayor?
>
> ARACELI: Supongo que sí porque se va a hablar del tráfico.
>
> EDUARDO: ¿Otra vez?
>
> ARACELI: Es que ayer hubo un accidente. (*Presentación de un tema nuevo*)
>
> EDUARDO: ¿Dónde **fue**?
>
> ARACELI: En la esquina de siempre. Siempre hay choques allí porque no hay semáforo.

Ejercicio **3.4**   Utilice el verbo *ser* para completar las siguientes frases. Lea el diálogo antes de conjugar el verbo para averiguar qué forma de *ser* conviene según el contexto.

> LALY: ¿Se celebra mañana el concierto de rock organizado por la Asociación contra la Droga?
>
> LUIS: No, _____ el viernes que viene.
>
> LALY: No sé por qué pensaba que _____ mañana. ¿Dónde lo van a montar?
>
> LUIS: _____ en el estadio municipal.
>
> LALY: ¿Has llamado a Lourdes y Ramón? Nunca se pierden este tipo de concierto. Por cierto, hace tiempo que no los veo.
>
> LUIS: ¿No sabías que Lourdes y Ramón se casaron?
>
> LALY: No me digas. ¿Cuándo _____ la boda?
>
> LUIS: Hace unos 15 días. Querían una ceremonia muy privada, así que invitaron sólo a sus padres y hermanos. No te ofendas, Laly, que tampoco estuve yo.

Si el hablante quiere definir cierto tipo de entidad por su ubicación, puede hacerlo aprovechando el contenido semántico de *ser*. Por ejemplo, podemos indicar al taxista que no conoce nuestra casa, "la casa es aquí", por lo que queremos decir que la casa es ésta. Esta frase señala una equivalencia entre la entidad (*casa*) y el locativo (*aquí*); el locativo, entonces, funciona como nombre. En inglés podemos nominalizar el locativo al decir *this here one/this one here*.

El uso de *estar* para situar

El verbo *estar* coloca el sujeto en algún sitio, sea físico o metafórico. Recordemos que sólo *estar* —y nunca *ser*— se usa para formar los tiempos progresivos. En estas combinaciones, el verbo *estar* sirve para situar el sujeto en el transcurso de alguna acción, nombrada por el gerundio. Las formas verbales progresivas no pueden formarse con *ser* porque esta relación no define al sujeto.

De la misma manera, *estar* se utiliza para situar una entidad en el transcurso de un proceso.

Adolfo **estaba** en el tercer mes de su período de entrenamiento.

Además, porque el tiempo y el espacio son realidades paralelas, *estar* sitúa las entidades también en el espacio.

A veces una esperanza loca le hacía creer que allá en aquella plaza triste, **estaba** el hombre a quien esperaba. (Baroja)

Queríamos lo que **estaba** junto al río. Del río para allá, por las vegas, donde **están** esos árboles llamados casuarinas y las paraneras y la tierra buena. (Rulfo)

Muchas veces se ha dicho que *estar* comunica la idea de temporalidad, pero uno de estos ejemplos nos enseña que esto no puede ser cierto. La tierra junta al río en el cuento de Rulfo no cambiará nunca de sitio. De la misma manera se dice que *París está en Francia* porque con esta frase sólo se localiza la ciudad, no se le define. Para definirla, habría que decir *París es una ciudad en Francia* (nótese el uso del sustantivo *ciudad*).

Ya sabemos que el lugar en que ocurren los sucesos es una de sus características definidoras, lo que produce el uso de *ser*. Pero hay muchas otras entidades cuya ubicación no constituye una característica. En español hay una serie de sustantivos que se refieren ya a sucesos, ya a otro tipo de entidad: es comprensible que estos sustantivos puedan aparecer con los dos verbos *ser* y *estar*, siempre con una diferencia de significado:

La clase está en el primer piso. (clase = alumnos)

vs.

La clase es en el primer piso. (clase = actividad)

Ejercicio **3.5**   Decida qué dibujo corresponde a la situación descrita por "La cena está en el comedor" y a la descrita por "La cena es en el comedor".

Ser y *estar* con el adjetivo

Estar, igual que *ser,* sirve para ligar un adjetivo con el sujeto. Pero hay una diferencia importante: mientras que **con *ser* el adjetivo nombra características y sirve para definir el sujeto, con *estar* nombra condiciones y sirve para señalar el estado en que se encuentra el sujeto.** Una vez más, el verbo *estar* sitúa su sujeto, esta vez con respecto a una escala de diferentes estados.

Al leer el siguiente diálogo, donde los adjetivos nombran estados y aparecen con *estar,* tenga en cuenta el diálogo entre el cliente y el cajero (véase la página 40), donde los adjetivos nombraban características y, por lo tanto, aparecían con *ser.*

> MAMEN: ¿Cuándo va a llegar Alfredo?
> CONCHA: **Está** de vacaciones.
> MAMEN: Ah, se me había olvidado. ¿Y cuándo vuelve?
> CONCHA: Tenía que volver mañana, pero los trenes **están** en huelga.
> MAMEN: **Estará** muy contento, entonces, porque así se le alargan las vacaciones.
> CONCHA: Bueno, pero **está** de turno el viernes, así que tiene que **estar** un poco nervioso.

La diferencia entre una comparación con otras entidades por una parte, y con otras condiciones de la misma entidad por otra, hace que la elección del verbo copulativo conlleve una serie de implicaciones para la interpretación del adjetivo. Por ejemplo, de la presencia de *ser* o *estar* en las siguientes frases se puede sacar ciertas inferencias.

Mi jefe es simpático. (*así se caracteriza*)

vs.

Mi jefe está simpático. (*no siempre se comporta así*)

El perro es joven. (*tiene pocos años*)

vs.

El perro está joven. (*no se le notan los años que tiene*)

Este aparato es muy caro. (*cuesta mucho dinero*)

vs.

Este aparato está muy caro. (*ha subido de precio y/o el hablante esperaba un precio más bajo*)

En ciertos casos el contraste comunicado en español por el uso de *ser* o *estar* con un mismo adjetivo es comunicado en inglés por medio de distintos adjetivos. Vimos en el Capítulo 2 que algunos de los contrastes semánticos expresados por medio del contraste entre el pretérito y el imperfecto en español se expresan en inglés por medio del léxico, y aquí vemos algo parecido. Al describir una entidad a partir de un contraste con otras entidades (*ser*) o a partir de un contraste con otro estado de la misma entidad (*estar*), se producen combinaciones que pueden traducirse al inglés con distintos adjetivos.

Español	Traducción con *ser*	Traducción con *estar*
aburrido	*boring*	*bored*
atento	*attentive, courteous*	*paying attention*
callado	*reserved, soft spoken*	*not talking*
cansado	*tiresome*	*tired*
decente	*a decent person*	*dressed appropriately*
grave	*serious*	*in serious condition*
listo	*clever, smart*	*ready*
loco	*wild*	*mentally unhealthy*
malo	*bad*	*in poor health*
negro	*Black (human race)*	*furious*
verde	*green (color)*	*unripe*
vivo	*vivacious*	*alive*

Fíjese que los adjetivos de la lista encabezada por *ser* nombran características, mientras que los adjetivos de la lista encabezada por *estar* nombran estados. El adjetivo —en español— es el mismo, pero su interpretación depende del significado del verbo copulativo.

Ejercicio **3.6**   Invente un breve contexto en que tenga sentido el uso de *ser/estar* + adjetivo en las siguientes frases.

  a.   Luego Joaquín estuvo negro.

  b.   ¡Esa conversación fue muy aburrida!

  c.   La competencia es muy lista.

  d.   Dicen los médicos que la abuela está muy grave.

  e.   En su juventud fue muy loco.

  f.   Menos mal que esta vez está decente.

  g.   Es que Graciela es callada.

  h.   Gracias a Dios está vivo.

Ejercicio **3.7**   A veces la mejor traducción de *estar* + adjetivo puede expresarse en inglés por medio del verbo. ¿Cómo pueden traducirse estas frases al inglés sin usar el verbo *to be*?

  a.   ¿Qué le pusiste a la salsa? Está agria.

  b.   Delante de sus abuelos, Marta está muy respetuosa.

  c.   Al ver lo que había pasado, estuve negra.

  d.   Adolfo quería tanto a esa mujer que estaba loco.

  e.   Rosario está muy filosófica después del accidente.

  f.   Francisca está gordita después del nacimiento del bebé.

  g.   ¡Mmmm, esta sopa está muy rica!

  h.   Félix está muy guapo con ese traje.

Ser y *estar* con el participio

Vimos en el Capítulo 1 que el participio es la forma impersonal del verbo que tiene un significado perfectivo. Por ejemplo, la existencia de este animalito ha llegado a su punto final cuando está *lemmed*.

Esta forma verbal puede usarse como adjetivo, y algunos participios —por ejemplo, *aburrido, callado* y *cansado* del apartado anterior— funcionan como cualquier otro adjetivo con *ser* o *estar*. Sin embargo, en la mayoría de los casos, el participio retiene su carácter verbal cuando se combina con *ser*, mientras que con *estar* adquiere una función atributiva. Es decir, **con *ser* el participio forma parte de un verbo compuesto, mientras que con *estar* es sencillamente un adjetivo**. En los dos casos, sin embargo, el participio concuerda en género y número con el sujeto.

Con el participio de verbos transitivos, *ser* + participio constituye lo que se llama la **voz pasiva.** Esta construcción sirve para resaltar el paciente (la entidad que recibe la acción) a la misma vez que quita interés al agente (la entidad que inicia la acción). En muchas frases pasivas, como en el siguiente ejemplo, no hay mención del agente.

Todos los años **son embotellados** millones de litros de agua mineral.

Tal como veremos en el Capítulo 6, la voz pasiva con *ser* no se emplea mucho en el español hablado porque existe otra construcción, la que lleva *se*, que cumple la misma función semántica. Sin embargo, se ve a menudo en el lenguaje escrito, como en este pequeño texto.

La catedral **fue construida** en el siglo XIV. Las vidrieras **fueron hechas** en Francia y llevadas a España para colocarse. Desgraciadamente, muchas **fueron destruidas** durante la Guerra Civil. Además, en el caos después de la guerra, numerosas estatuas de mucho valor **fueron robadas.**

Fíjese cómo la voz pasiva permite hablar de las acciones sin hacer referencia a quién las hizo. En este caso, por ejemplo, no se puede saber quiénes construyeron la catedral o hicieron las vidrieras, pero con el uso de la voz pasiva, no hace falta identificar a esas personas.

La construcción paralela con *estar*, en cambio, no enfoca el proceso verbal sino el resultado del proceso. En estas construcciones el participio nombra el estado en que se encuentra el sujeto después de cumplirse la acción verbal.

La foto **fue digitalizada** [*acción*] la semana pasada, y ahora que **está digitalizada** [*resultado*] la podemos enviar por correo electrónico.

Ejercicio **3.8** Escriba el participio adecuado en el espacio en blanco. No se olvide de que tiene que concordar en género y en número con el sustantivo que modifica.

a. Pintaron la casa hace unos meses: está recién _____.

b. A Estrella la ingresaron en el hospital para hacerle algunas pruebas; está _____.

c.   Muchas personas murieron en el terremoto; trágicamente, están
_____.

d.   Hicieron el trabajo con muchísimo cuidado; está bien _____.

e.   Dante no escribió *El infierno* en latín: está _____ en italiano.

f.   No instalaron la cocina correctamente; está mal _____.

g.   Ayer cancelaron el concierto porque iba a asistir poquísima gente;
está _____.

h.   En ese restaurante sólo saben freír; toda la comida allí está _____.

Una generalización inadecuada (pero muy común) dice que *"estar introduce cualidades impermanentes"*. El uso de *estar* con el participio es el mejor contraejemplo de esta generalización: el que un libro esté escrito en cierta lengua (véase el ejercicio anterior) describe una situación permanente. Se usa *estar* con el participio para hablar del resultado de una acción anterior, y por tanto el criterio permanente/impermanente no es relevante en estos casos.

Resumen

La función de *haber* es la de introducir materia nueva en el discurso. Una vez que algo está en juego, el hablante tiene que elegir entre *ser* y *estar* para hablar de él. El siguiente esquema sirve para repasar lo que se ha dicho sobre el contraste semántico entre los dos verbos copulativos.

Ser	Estar
1. Para ligar el sujeto con un sustantivo o pronombre **Soy el mayor.**	1. (No se usa)
2. (No se usa)	2. Para formar los tiempos progresivos **Estamos estudiando.**
3. Con un locativo para definir el sujeto **La misa será en la catedral.**	3. Con un locativo para situar el sujeto **Mérida está al sur.**
4. Con un adjetivo para caracterizar al sujeto **El melón es dulce.**	4. Con un adjetivo para comparar un estado del sujeto con otro **Este melón está maduro.**
5. Con el participio para formar la voz pasiva **La novela fue escrita en catalán.**	5. Con el participio para atribuir el resultado de una acción al sujeto **La novela está traducida al japonés.**

Es importante reconocer que la forma de la frase produce diferencias en el uso de *ser/estar,* aún cuando no hay un cambio de significado:

Esta silla **es** de plástico. (*con adjetivo que nombra una característica*)

=

Esta silla **está** hecha de plástico. (*con participio que nombra el resultado de una acción anterior*)

Ejercicio **3.9**   Refiriéndose al esquema anterior, explique los usos de *ser* y *estar* que aparecen en el siguiente contexto.

El carnaval dominicano

El carnaval **es** una sobrevivencia de la época en que el mundo católico dejaba de asistir a fiestas durante la cuaresma. Durante el carnaval, se celebraba todo lo que no se iba a poder celebrar durante los próximos 40 días. Ahora **han sido** eliminadas muchas de las austeras prohibiciones religiosas de aquella época, pero el carnaval todavía se celebra en muchas partes de América Latina. Hoy en día en la República Dominicana **es** una festividad importante, sobre todo entre la clase obrera. Las clases media y alta se limitan en muchos casos a observar las festividades (y puede que esto no **sea** nada nuevo). Los disfraces de carnaval varían de una región a otra. En Santiago, la segunda ciudad del país, lo más impresionante del disfraz **es** la careta, que cubre la cara del "diablo" y le permite —según dicen— desprenderse de su identidad cotidiana. La careta **está** hecha a base de barro cubierto de papel y luego pintado con colores vivos. Tradicionalmente las caretas se hacían para **ser** usadas y no sobrevivían la celebración anual, pero ahora las más vistosas acaban en museos folclóricos y colecciones privadas. Sin embargo, el sabor popular **está** todavía presente: los artesanos dominicanos **estarán** soñando ahora con los disfraces del año que viene.

La variación

Compare estos dos comentarios sobre las Islas Canarias:

Por lo general, los billetes de avión cuestan más en verano que en invierno, pero en el caso de un viaje a Canarias, **es** al revés. Los billetes **son** caros en invierno porque el clima canario **es** tropical y a mucha gente le gusta escaparse del frío del invierno.

> El año pasado pasamos nuestras vacaciones de Navidad en Canarias. Encontramos que todo **estaba** bastante caro, más de lo que esperábamos. Pero **estuvo** muy rico bañarnos en el mar en diciembre. El agua **estaba** bastante cálida.

Tal como vemos en este ejemplo, la comparación con otro estado implícita en el uso de *estar* + adjetivo se puede hacer con base en el criterio del hablante. En muchos casos, el hablante usa *estar* con adjetivos para expresar su propia evaluación de algo.

Los hablantes mexicanos tienen fama de llevar esta posibilidad al máximo y de usar *estar* con el adjetivo en muchísimos casos. Por ejemplo, sería perfectamente normal para muchos mexicanos referirse a una característica de su casa con la frase "Mi nueva casa está muy grande", mientras que otros hispanohablantes usarían *es* en el mismo contexto.

Este cambio se está desarrollando ahora mismo y no se sabe cuál será el resultado final. Parece ser que en este dialecto la elección tiene mucho que ver con la especificidad de la entidad: cuanto más específica, más se tiende a describirla con *estar* + adjetivo. Sabemos que en el caso del sustantivo y del gerundio, la elección del verbo copulativo es automático, ya que no se usa *estar* con sustantivos ni *ser* con gerundios. Es posible que, con el tiempo, la presencia de un adjetivo produzca el uso automático de *estar* en el dialecto mexicano. Sólo el tiempo dirá.

Ejercicio **3.10**   Entreviste a dos hispanohablantes. Pregúnteles si pueden usar *estar* en los siguientes contextos. No se olvide de preguntar por el país de origen de sus informantes. Luego, al compartir sus datos con los de sus compañeros, traten juntos de entender esta innovación en el uso de *estar* + adjetivo.

a.   Dicho de una casa de cuatro pisos: Está grande.

b.   Dicho de una mujer que va a misa: Está católica.

c.   Dicho de un hombre que pesa mucho: Está gordo.

d.   Dicho de un muchacho de 10 años: Está joven.

e.   Dicho de un iglesia hecha de piedra blanca: Está blanca.

f.   Dicho de un hombre que mide dos metros: Está alto.

g.   Dicho de una mujer poco agraciada: Está fea.

h.   Dicho del examen de ingreso a la universidad: Está difícil.

Investigación

1. *¿Ser, estar* o *haber?* Lea todo el párrafo antes de empezar a rellenar los espacios en blanco; hay que entender el contexto para poder elegir el verbo y la forma correcta de ese verbo.

El aparcamiento

Nosotros que trabajamos aquí en el campus sabemos que _____ muchos problemas en el mundo universitario. Lo que _____ una pequeña molestia en otras partes puede llegar a _____ una crisis en este mundillo. Pongamos la falta de aparcamiento de ejemplo. Si no _____ aparcamiento en el centro, el problema se resuelve pronto porque los negocios necesitan clientes. En cambio, aquí en el campus lo que se hace _____ formar un comité. Y el comité se reúne y produce un informe, y luego el informe _____ mandado a otro comité. Y el problema sigue sin solucionarse: no podemos aparcar cerca del edificio donde trabajamos. Si se llega antes de las ocho, puede _____ algún que otro espacio libre. Pero después de las ocho, ¡olvídate! La semana pasada, un amigo _____ multado porque había aparcado en un espacio prohibido. Al ver la multa, que _____ de $25, se puso furioso porque la falta de espacio se debía a que otro carro _____ entre dos espacios. Dice mi amigo que deberían haber multado al otro conductor. Los espacios reservados _____ otro problema. Si no te das cuenta de la señalización y aparcas en uno de ellos, viene la grúa y te lleva el carro al depósito universitario. Todos deberíamos ir a pie a la facultad; _____ más sano en todo caso.

---

2. Puede ser difícil entender cómo un estado (con *estar*) puede aparecer en el imperfecto o cómo una característica (con *ser*) puede aparecer en el pretérito. Observe las combinaciones que aparecen a continuación y agregue un ejemplo más a cada categoría.

ser + imperfecto: la identidad entre el sujeto y una entidad o cualidad no tiene límites	*ser* + pretérito: la identidad entre el sujeto y una entidad o cualidad dura por un período limitado
a. Claro que me acuerdo de Ana; **era** muy alta.	a. No sé quién lo hizo; no **fui** yo.
b. No lo mandaron a la cárcel porque **era** tan joven.	b. La clase de González **fue** excelente.
c.	c.

estar + imperfecto: el estado en que se encuentra el sujeto no tiene límites	*estar* + pretérito: el estado en que se encuentra el sujeto dura por un período limitado
a. La ambulancia llegó enseguida, pero la víctima ya **estaba** muerta.	a. Ayer **estuve** tres horas limpiando la cocina.
b. ¿Ayer al mediodía? Seguro que **estaba** en mi oficina.	b. Esa pobre mujer **estuvo** muchos años hospitalizada.
c.	c.

3. ¿Qué quieren expresar los autores de las siguientes frases con el contraste entre *ser* y *estar*?

La respuesta del humorista español José Luis Coll al periodista que le había dicho que estaba muy serio:

—No estoy serio. Soy serio.

Yerma (en el drama de García Lorca):

—No soy triste, es que tengo motivos para estarlo.

Práctica oral

1. Muchos hispanohablantes dicen frases como las siguientes:

Sólo **habían** cuatro personas en el restaurante, así que pensamos que no era muy bueno.

Mañana **van a haber** muchos problemas porque los trenes están de huelga.

Habrán pocos puestos, y más de 200 solicitantes.

Hable con dos nativohablantes y pregúnteles cómo les suenan estas frases. ¿Las dirían ellos? ¿Podrían usarlas en forma escrita? ¿Han oído este tipo de frase alguna vez? Según ellos, ¿quiénes hablan así? Luego, comparen sus datos con los de sus compañeros de clase.

2. Para hablar del tiempo, hay que usar los verbos que hemos estudiado en este capítulo. Aquí hay dos reportajes sobre el tiempo; léalos en voz alta como si fuera un locutor de radio o de televisión. (Si quiere ver otros pronósticos, hay muchos sitios en Internet en español.)

La tormenta tropical Otto **está** moviéndose lentamente hacia el sursureste sobre el océano Atlántico. A las veintidós horas, el centro de la tormenta **estaba** localizada al este de Bermuda. Los vientos máximos sostenidos **están** cerca de 65 km/hora, con ráfagas más fuertes. La presión central mínima (estimada) **es** de 997 milibaras. La próxima advertencia **será** emitida por el Centro Nacional de Huracanes a las cuatro horas.

En el norte la nubosidad **será** abundante hoy, y **habrá** chubascos durante la tarde. En la mitad sur del país, el tiempo **será** estable y soleado, con temperatures frescas de noche y suaves de día. Las temperaturas **estarán** en ligero descenso en la costa. En general, el pronóstico **es** bastante positivo para el resto de la semana.

Lectura guiada

Lea *Ella no se fijaba* de Juan José Millás. Este tragicómico cuento contiene muchos ejemplos del uso de los verbos copulativos.

a. Identifique las frases en el texto que contienen *ser* o *estar*, y localice un ejemplo de cada uno de los siguientes fenómenos. Luego, compare sus datos con los de sus compañeros de clase. (Hay más de un ejemplo de cada fenómeno en el texto.)

> *ser* + sustantivo/pronombre
>
> *ser* + adjetivo
>
> *estar* + participio
>
> *estar* + gerundio
>
> *estar* + adjetivo

b. Al final del cuento, un mismo adjetivo, *cojo*, aparece con *estar* y luego con *ser*. Refiriéndose específicamente al cuento, explique la diferencia entre el significado de las dos combinaciones de verbo copulativo + adjetivo.

c. Haga una lista de todas las frases que contienen *ser* y *estar*, y verá que constituyen un resumen del cuento.

Los modos indicativo y subjuntivo

Capítulo 4

Para empezar

Ejercicio **4.1** Traduzca este diálogo al inglés. Hay varios verbos en subjuntivo aquí, a pesar de que el lenguaje es muy informal. Verá que, con la excepción del último verbo, no hay nada en la traducción que indique que los verbos en inglés se hayan conjugado en el modo subjuntivo.

MAMÁ: Pili, tu cumpleaños es el 28. ¿Quieres que lo **celebremos** en un restaurante?

PILI: La verdad es que prefiero que nos **quedemos** en casa —es más íntimo y menos caro.

MAMÁ: Muy bien. ¿Qué preparo yo?

PILI: Bueno, si tienes tiempo, ¿puedes hacer tu fabuloso pollo frito?

MAMÁ: ¡Buena idea! ¿Cuántos seremos?

PILI: Sólo tres. Creo que Roberto está de turno esa noche.

MAMÁ: Ah, pero entonces tenemos que hacerlo otro día para que Roberto **pueda** estar con nosotros.

PILI: Tiene que ser una noche que **esté** libre Papá también.

MAMÁ: Pregúntale a Roberto si va estar libre el jueves, y luego hablaré con Papá.

PILI: De acuerdo. Oye, ¿quieres invitar también a los Rodríguez?

MAMÁ: Los invitaría con mucho gusto si **estuvieran** aquí, pero ayer se fueron de vacaciones.

En el inglés moderno no existen desinencias específicamente subjuntivas. Después de ciertas expresiones, como en los siguientes ejemplos, se emplea una forma verbal inesperada.

*They ordered that we **move** by the 15th.*

*We require that he **appear** in person.*

*It's important that you **be** here on time.*

El tiempo pasado, *moved*, no aparece aquí; tampoco aparecen *appears* y *are*, que corresponden a los sujetos *he* y *you*. En su lugar aparecen las formas que suelen usarse como mandatos: *move, appear, be*. Además, se suele evitar este tipo de frase y usar sencillamente el infinitivo. Las siguientes frases son de uso más corriente que las anteriores.

*They ordered us **to move** by the 15th.*

*We require him **to appear** in person.*

*It's important for you **to be** here on time.*

Puesto que no hay desinencias específicamente subjuntivas en inglés y los usos modernos del subjuntivo en esta lengua tienen un matiz formal e incluso anticuado, los anglohablantes no están acostumbrados al uso del subjuntivo. En español, en cambio, el subjuntivo es una parte íntegra de la lengua; no es un formalismo facultativo. Para hablar bien el español, hay que saber usar el subjuntivo. Y para poder usar el subjuntivo, hay que saber para qué sirve.

Análisis

A veces, el subjuntivo parece surgir automáticamente como reacción a la presencia de ciertos elementos de la oración. Por ejemplo, el subjuntivo se tiene que utilizar en las siguientes frases.

Le di ese libro para que lo **leyera.**

Quiero que **llegues** a tiempo.

Es imposible que **sea** tan tonto.

En otras frases, sin embargo, el empleo del subjuntivo está ligado a la intención comunicativa del hablante. En las frases que siguen, el indicativo conlleva un significado mientras que el subjuntivo conlleva otro.

Laura quiere casarse con un hombre que **es/sea** honrado.

Cada vez que **viajas/viajes,** te guardo el coche.

Haré lo que tu **dices/digas.**

Nos proponemos en este capítulo explicar lo que tienen en común todos los usos del subjuntivo: los usos automáticos y los usos facultativos. Partimos de la idea de que el subjuntivo desempeña un papel semántico dentro de la gramática del español. Es decir, la presencia o ausencia del subjuntivo siempre comunica un mensaje significativo y es este mensaje lo que hay que comprender.

Por supuesto, hay ciertas generalizaciones que podemos hacer sobre la sintaxis del subjuntivo. El subjuntivo aparece casi siempre en la **cláusula dependiente/subordinada** de la frase, mientras que el indicativo puede aparecer en la cláusula dependiente y también en la **cláusula independiente/principal.** Las frases que aparecen a continuación constan de cláusulas independientes. Las dos cláusulas de una misma frase se relacionan en cuanto a su tema, pero no dejan de tener un significado propio; su autonomía semántica se refleja en su independencia sintáctica. Las **conjunciones coordinantes** *y*, *pero* y *o* sirven para ligar una cláusula independiente con otra.

[Martín está muy ocupado] **y** [tiene que pasar las vacaciones trabajando].

[Lo comprendo] **pero** [no me gusta la idea].

[Díselo tú] **o** [se lo diré yo].

En contraste, puede haber dos situaciones verbales de desigual estatus en una frase. Cuando una cláusula tiene sentido sólo en el contexto de la oración en que aparece, esta cláusula se considera **dependiente.** En la cláusula dependiente puede aparecer el subjuntivo o el indicativo.

[Debe hablar con su jefe] [para **que** entienda el problema].

[El teléfono móvil está en el cajón] [**donde** lo puse ayer].

Una cláusula dependiente puede identificarse por su posición después de una **conjunción subordinante,** tal como *que, cuando, donde, si,* etcétera.

Ejercicio **4.2**   Subraye las cláusulas dependientes de las siguientes frases y averigüe si el verbo está conjugado en el subjuntivo o en el indicativo. Tanto el subjuntivo como el indicativo pueden aparecer en las cláusulas dependientes.

a.   El hombre que se casa con María es costarricense.

b.   Se conocieron cuando estudiaban en la universidad.

c.   Hasta que terminen sus estudios, van a vivir allí.

d.   Van al hotel donde pasaron su luna de miel los padres de María.

e. Espero que les guste mi regalo de bodas.

f. En cuanto abran el regalo, sabrán que es mío.

g. A María le ofrecí mi vestido de novia, pero buscaba uno que fuera menos formal.

h. Encontró un vestido que le favorece muchísimo.

El indicativo —igual que el subjuntivo— puede aparecer en cláusulas subordinadas. Para que aparezca el subjuntivo, tiene que haber una cláusula subordinada, pero también tiene que haber algo más. El factor clave es la intención comunicativa del hablante. El indicativo y el subjuntivo son diferentes modos de comunicación. **El hablante elige el indicativo si quiere afirmar lo que dice; en cambio, si el hablante cree que una proposición no merece su afirmación, utiliza el subjuntivo.** Vamos a ver porque cierta información es compatible con el uso del subjuntivo.

El subjuntivo y la información conocida

¿Por qué razón no afirmaría el hablante lo que dice? En primer caso, una proposición puede ser de menor interés sencillamente porque ya se conoce. Recuerde el contraste establecido en el Capítulo preliminar entre la información conocida y la información nueva. (Si no se acuerda, vuelva a leer el diálogo entre Martina y Ángeles en la página xv.) El subjuntivo puede usarse para marcar la información conocida en cláusulas subordinadas.

En el siguiente diálogo, aparece dos veces el verbo *casarse*, pero aporta información nueva sólo la primera vez.

Lola: Escucha, tengo una noticia bomba.
Pepe: Dime.
Lola: Florinda **se casa** en abril.
Pepe: ¡No me digas! Estoy encantado de que **se case.**

Cuando Lola le informa a Pepe de que Florinda se va a casar, esta información aparece en la cláusula principal y el verbo se conjuga en el indicativo. Cuando a Pepe le toca hacer un comentario sobre esta misma información, ya no hace falta insistir en ella. Por eso, *casarse* aparece por segunda vez en una cláusula subordinada y en el subjuntivo (*se case*). Lo nuevo que trae Pepe a la conversación es su reacción a la noticia; por consiguiente, esta reacción aparece en una cláusula independiente y en el indicativo (*estoy encantado*).

Algo puede ser conocido no por haberse dicho sino sencillamente por haber pasado en un contexto compartido. Cuando Mafalda dice *Me alegra que vengas a conocer mi casa*, utiliza el subjuntivo porque no hace falta afirmar la innegable presencia de Susanita. *Alegra*, en cambio, aparece en el indicativo porque Mafalda quiere comunicar su reacción a la visita.

© Joaquín Salvador Lavado (QUINO)
Toda Mafalda — Ediciones de
LA Flor, 1993

Hay otro motivo también para comunicar un menor grado de afirmación. Puede que todo el mundo sepa algo —o por lo menos eso se supone. Entonces, no hace falta usar el indicativo para llamar la atención del oyente. La frase *el hecho de que* generalmente va seguida del subjuntivo porque suele introducir información conocida.

El hecho de que Brasil **esté** en Suramérica quiere decir que muchos brasileños hablan español.

Ejercicio 4.3 Para justificar el uso del subjuntivo en cada una de las siguientes frases, escriba un diálogo en que la frase constituya información conocida. Por ejemplo, *Es imposible que sea tan caro* puede decirse sólo si el hablante ya sabe que algo es caro.

Ejemplo: ¡Es imposible que **sea** tan caro!

(*de compras en una tienda elegante*)
A: ¡Qué cinturón más bonito!
B: Bonito, sí, pero vale $150. (*aquí se imparte la información por primera vez*)
A: ¡Es imposible que **sea** tan caro! (*aquí la reacción del hablante es lo nuevo*)

a. Me parece muy mala idea que le **hayas** dicho eso.

b. Me encanta que mis hijos **vivan** cerca de aquí.

c. Siento mucho que su mujer se **encuentre** enferma.

d. Es una lástima que la clase **sea** tan mala.

e. Estamos contentos de que no se **haya hecho** ningún daño.

    f.   Me da rabia que no me **permitan** ir.

    g.   Es increíble que **sea** tan tonto.

    h.   El que **tuviera** mucho dinero no influyó en su decisión.

Las frases del Ejercicio 4.3 tienen una estructura muy específica: la cláusula principal contiene una reacción a la información conocida contenida en la cláusula subordinada. Este tipo de frase sólo puede utilizarse cuando la información de la cláusula subordinada se ha introducido de antemano. En contraste, hay frases en que la información de la cláusula subordinada merece ser afirmada. Hay ciertos verbos (*saber, pensar, creer, parecer,* etcétera) y ciertas expresiones (*es verdad, es cierto, es innegable,* etcétera) que típicamente sirven para introducir información que el hablante quiere afirmar.

> SARA: Mamá, mira el reloj que he encontrado.
> MAMÁ: Lo siento, hija, pero **me parece** que **debes** entregárselo a la policía.
> SARA: ¿Por qué? **Creo** que **es** muy bonito.
> MAMÁ: Por eso al dueño también le gustará.

Fíjese que *Me parece que debes entregárselo a la policía* es una manera más suave de decir *Debes entregárselo a la policía*. *Creo que es muy bonito* es una manera menos directa de decir *Es muy bonito*. Sin embargo, en ambos casos el hablante afirma el contenido de la cláusula subordinada. Pero en cuanto desaparece la intención afirmativa, también desaparece el indicativo; es por esto que *no creer, no parecer, no es verdad,* etcétera rigen el subjuntivo.

No me parece que **debas** entregárselo a la policía.

No creo que **sea** muy bonito.

Hay unos análisis del subjuntivo que son corrientes pero inadecuados, y ahora sabemos lo suficiente para entender sus defectos. Por ejemplo, a veces se dice que el uso del subjuntivo se debe a la presencia de "emoción" en la frase. Según este análisis, se dice *Me da rabia que no me permitan ir* por la emoción expresada por el hablante. Pero uno puede sentir y comunicar mucha emoción al decir *Creo que la guerra es horrorosa* sin que la emoción produzca el subjuntivo. El factor clave es la afirmación: el hablante no afirma *que no me permitan ir* (porque la información es conocida), mientras que sí afirma que *la guerra es horrorosa*. Otra supuesta "regla" que no da cuenta de la realidad del uso es la que dice que el subjuntivo aparece después de expresiones impersonales. Las expresiones *es una lástima* y *es cierto,* por ejemplo, son igualmente impersonales, pero sólo *es una lástima* se usa para hacer un comentario sobre información conocida que el hablante no tiene por qué afirmar.

Ejercicio `4.4` Complete las respuestas a las siguientes preguntas en el indicativo, puesto que se trata en todos los casos de la afirmación de una idea.

a. ¿Qué tal esa película?

Todo el mundo dice que . . .

b. ¿Por qué te empeñas en discutir con él?

Creo que . . .

c. ¿Cuándo van a llegar los demás?

Supongo que . . .

d. ¿Por qué tienen Uds. que leer esa novela pesada?

La crítica considera que . . .

e. ¿No es muy tarde para desayunar?

Me parece que . . .

f. ¿Qué opina Ud. sobre los atletas que se drogan?

Pienso que . . .

g. ¿Quién va a ganar el partido?

Me imagino que . . .

h. ¿Cuál es el mejor candidato?

En mi familia somos de la opinión de que . . .

Los tiempos del subjuntivo

El carácter subordinado del subjuntivo se extiende a los marcadores de tiempo. En la mayoría de los casos, el marco temporal queda establecido en la cláusula principal, y el verbo en la cláusula subordinada sólo tiene que ajustarse a ese marco. Por esta razón hay menos formas en el subjuntivo que en el indicativo. Hay sólo cuatro tiempos del subjuntivo: presente, pasado, presente perfecto y pluscuamperfecto. Pero hay dos formas del pasado del subjuntivo, una marcada por -*ra* y la otra marcada por -*se*. La forma en -*se* se usa con menor frecuencia que la forma en -*ra*, sobre todo en la lengua hablada (aunque la frecuencia de su uso varía de dialecto en dialecto).

Una noche el abogado le preguntó a Águeda sonriendo, si le gustaría que él **formase** [formara] parte de la familia. (Baroja)

Esther y yo presenciamos cómo mamá la colocaba con mucho cuidado en su propia cama hablándole con voz suave, como si ella **pudiese** [pudiera] oírla. (Díaz Grullón)

Históricamente, hubo un futuro del subjuntivo que prácticamente ha dejado de usarse. El futuro del subjuntivo, que termina en -*re*, se ha conservado en expresiones como *sea como fuere* (que aparece en el cuento de Puértolas) y refranes como *Donde fueres, haz lo que vieres*. También se utiliza en el lenguaje legal, que conserva muchas fórmulas anticuadas. La siguiente advertencia, por ejemplo, puede aparecer en los vagones del metro.

> ¡AVISO! El Reglamento del Transporte Público establece que quien **fuere** encontrado sin billete será multado en el momento.

Para elegir el tiempo de un verbo conjugado en el subjuntivo, se usa el siguiente criterio: cuando el verbo en la cláusula principal está en tiempo presente o en tiempo futuro, se usa el presente del subjuntivo; cuando el verbo en la cláusula principal está en cualquier tiempo pasado (incluido el condicional), se usa el pasado del subjuntivo. En el siguiente diálogo, se ven ejemplos de estas combinaciones. Al leer el diálogo, fíjese en el tiempo de los verbos indicativos y subjuntivos.

(Marisa conversa con Andrés, su jefe, en la oficina.)

ANDRÉS: Marisa, quiero que **termines** el proyecto de Cele.

MARISA: Bueno, me interesa el proyecto, pero ¿le vas a decir a Cele que lo **deje**? No sería correcto que se lo **dijera** yo.

ANDRÉS: Siempre me ha sorprendido que te **preocupes** por Cele. Sabes de sobra que es un irresponsable.

MARISA: Al contrario, es que le pediste que **hiciera** dos cosas a la vez.

ANDRÉS: Me parecía conveniente que se **esforzara** un poco.

MARISA: Pero antes le habías aconsejado que no **trabajara** demasiado.

ANDRÉS: ¡Por favor! Eso fue hace dos años cuando estaba enfermo.

Las formas perfectas del subjuntivo se usan para hacer referencia a situaciones verbales terminadas antes de otra situación verbal en el presente o en el pasado. La continuación del diálogo ofrece unos ejemplos:

MARISA: Bueno, dejémoslo. Estoy orgullosa de que me **hayas dado** esta responsabilidad.

ANDRÉS: Francamente, temía que te **hubieras** cansado con lo de Centrex. Esperaba tu negativa.

MARISA: Me halaga que **hayas pensado** en mí para el proyecto, y no quiero defraudarte.

Desde luego, una situación acabada en el pasado puede producir una reacción en el presente. En tal caso, es corriente usar el presente perfecto del subjuntivo como "puente" entre los dos tiempos, como en los ejemplos anteriores.

Ejercicio **4.5** Termine las cláusulas dependientes usando un verbo conjugado en subjuntivo. Según lo expuesto anteriormente, decida qué tiempo del subjuntivo debe usarse.

a. No nos importaba en lo más mínimo que . . .

b. Me da pena que . . .

c. Parece mentira que . . .

d. Es interesantísimo que . . .

e. Fue un milagro que . . .

f. ¡Qué bien que . . .

g. No me parecía razonable que . . .

h. Voy a pedir que . . .

El subjuntivo y la información no verídica

Hasta el momento, hemos analizado frases en las que el subjuntivo marca información conocida. Pero hay también otra justificación para el uso del subjuntivo, es decir, otra clase de información que merece un menor grado de afirmación. Cuando en una cláusula subordinada se habla de información no verídica, se usa el subjuntivo para marcar esta información. Con este uso del subjuntivo el hablante se niega a afirmar algo que no es cierto.

En algunos casos, la cláusula principal señala claramente que la información en la otra cláusula no es fiable:

No es verdad que todos los jóvenes **sean** irresponsables.

En otros casos, la información en la cláusula subordinada no se ha realizado dentro del marco temporal establecido por el verbo principal, y aparece en el subjuntivo por esa razón:

Limpiaré la cocina cuando no **estés** en casa.

Querían que **dejáramos** el apartamento antes del día 15.

Observe que la situación dependiente se evalúa con respecto al verbo principal. Por eso se sigue usando el subjuntivo aún cuando se sabe que la situación dependiente se ha realizado:

Querían que **dejáramos** el apartamento, y lo hicimos.

Durante el tiempo en que se realizaba el verbo principal (*querían*), todavía no se había realizado la acción del verbo subordinado (*dejáramos*), y este desfase produce el uso del subjuntivo.

Ejercicio **4.6**   Lea el siguiente diálogo y explique por qué la información contenida en las cláusulas subordinadas puede ser incierta o poco fiable con respecto a la cláusula principal.

> **PROFESOR:** ¿Qué quieres, Verónica?
>
> **VERÓNICA:** Profesor, nos dijo que le **entregáramos** el trabajo sobre el catalán el viernes, pero no puedo. No conozco a nadie que **hable** esa lengua.
>
> **PROFESOR:** Bueno, eso no quiere decir que no **puedas** encontrar información en Internet.
>
> **VERÓNICA:** Pero es posible que unos amigos me **presenten** a un catalán este fin de semana. Podría entrevistarle y entregar el trabajo el lunes.
>
> **PROFESOR:** Mira, no creo que **sea** necesario entrevistar a nadie. Pero si te empeñas en esto de la entrevista, te presentaré ahora al profesor Pons para que le **hagas** algunas preguntas. Prefiero que todos **entreguen** el trabajo el mismo día.
>
> **VERÓNICA:** Bueno . . .

Ejercicio **4.7**   Complete las frases con una cláusula que contenga un verbo conjugado en el subjuntivo. Observe bien el verbo de la cláusula principal antes de conjugar el verbo de la cláusula subordinada.

a.   No quiero comprar éste. Prefiero uno que . . .

b.   Evangelina es muy poco responsable. Por eso me pareció poco probable que . . .

c.   Eres muy joven y te aconsejo que . . .

d.   El abuelo fue muy religioso y siempre exigió que . . .

e.   Es difícil imaginarlo, pero te aseguro que todo será diferente cuando . . .

f.   Ahora no te puedo decir nada, pero cuando . . . , te lo contaré todo.

g.   De niña era muy miedosa y temía que . . .

h.   Bueno, espero que . . . el mes que viene.

Hay ciertas conjunciones (*para que* y *antes (de que)*, por ejemplo), que siempre aparecen seguidas del subjuntivo, y otras (*cuando* y *después (de) que*, por ejemplo), que aparecen seguidas del subjuntivo sólo a veces. Desde luego, se puede aprender de memoria las conjunciones que pertenecen a cada grupo, pero así se corre el riesgo de recordar mal y confundir los dos grupos. Es más eficaz aprender por qué el subjuntivo debe emplearse en ciertos casos. *Para que* y *antes (de) que* rigen el subjuntivo por razones semánticas: su significado establece una relación temporal entre las dos cláusulas según la cual la cláusula subordinada es irreal durante el transcurso temporal de la cláusula principal.

Te digo esto [*anterior*] para que no **sufras** [*posterior*].

. . . debo librarme también de este otro estorbo [*anterior*] antes de que me **arruine** el final de las vacaciones [*posterior*]. (Díaz Grullón)

La relación establecida por las conjunciones *cuando* y *después (de) que*, por otro lado, permite afirmar las dos proposiciones si éstas se han realizado.

Cuando Federico se me **declaró,** le dije que sí.

Se casaron después (de) que se **terminó** la guerra.

El subjuntivo aparece con estas conjunciones sólo cuando la cláusula subordinada se refiere al futuro.

Le dije que, cuando **hubiera** acabado, quería hablar con él.

Te lo explicaré después de que se **vayan** los invitados.

Forges. Cedidos los derechos de reproducción. Reproduced by permission.

Ejercicio 4.8 Basándose en el significado de cada conjunción y en la relación que establece entre las cláusulas, decida si el subjuntivo tiene que usarse. Luego, complete todas las frases.

a.   Se lo aconsejé a fin de que . . .

b.   Quiero que me ayudes mañana cuando . . .

c.   No te vamos a dejar conducir hasta que . . .

d.   Sólo pudo terminar el trabajo después de que . . .

e.   Mi abuelo vino a este país antes de que . . .

f.   Te voy a ayudar con esto para que . . .

g.   Antes de que . . . , explíqueme el problema.

h.   Para que . . . , le presté el dinero que necesitaba.

El subjuntivo y los mandatos

Como bien se sabe, los mandatos —a excepción de los mandatos afirmativos para *tú* (o *vos*) y *vosotros*— tienen la forma del presente del subjuntivo. Por ejemplo, *venga* es la forma del presente del subjuntivo que corresponde a *Ud.*, y también se utiliza como el mandato: *venga/no venga*. ¿Cómo se explica el doble uso de estas formas verbales?

Hay que pensar en el contexto comunicativo del mandato: el hablante le comunica al oyente "Quiero que Ud. haga algo", sin que se pronuncien en muchos casos las primeras palabras de la fórmula. En el momento en que se emite un mandato, éste todavía no se ha cumplido, de la misma manera que el verbo subordinado *haga* no se ha realizado con respecto al verbo principal *quiero*. Por eso, no se puede afirmar nada sobre la realización del verbo subordinado; lo único que se afirma es que el hablante quiere que esta situación se realice. De aquí que los mandatos compartan la morfología del subjuntivo.

Ejercicio **4.9** Lea las siguientes descripciones y escriba un mandato negativo y uno afirmativo para cada situación. La forma del mandato (singular o plural, formal o familiar) dependerá de la situación.

a. Ud. está en una tienda y quiere comprar unos pantalones muy caros. Su madre le aconseja —

b. La madre de Felipe está preparando la cena, y ve a Felipe comiendo dulces. Le dice —

c. El hermanito de Carolina tiene un libro suyo. Carolina no quiere que lo rompa y le dice —

d. Ud. va con sus amigos a un partido de fútbol y quiere llegar temprano para encontrar buenos asientos. Les dice —

e. Luisa ha sacado malas notas. Sus padres le dicen —

f. El conductor del ómnibus escolar no ha parado para recoger a Laura. Sus compañeros le gritan —

g. Después de muchas horas de estudio, Ud. todavía no entiende el subjuntivo. Le dice a la profesora —

h. Ud. le prestó su diccionario a un amigo hace unas semanas y ahora lo necesita. Le dice —

En el lenguaje hablado son muy comunes los mandatos indirectos, que consisten en toda la cláusula subordinada. Muchos de estos mandatos indirectos son formulaicos: *que te vaya bien*, *que Dios te proteja*, *que seas muy feliz*, etcétera.

La función sintáctica de la cláusula subordinada

Tradicionalmente, se analiza el subjuntivo según la función sintáctica de las cláusulas en las que aparece; este tipo de análisis es una alternativa al análisis semántico. Veamos qué puede aportar el análisis sintáctico a lo que se ha comentado hasta el momento.

El subjuntivo aparece en cláusulas nominales, adjetivas y adverbiales, es decir, en cláusulas que desempeñan la función de sustantivos, adjetivos y adverbios (o sea, que pueden sustituir a sustantivos, adjetivos o adverbios). Las cláusulas adjetivas modifican a sustantivos; las cláusulas adverbiales modifican a verbos, adjetivos u otros adverbios; y las cláusulas nominales hacen el papel de sustantivos.

Las siguientes frases, que ya han servido de ejemplos en este capítulo, ejemplifican estas posibilidades. Observe que los tres tipos de cláusula admiten verbos conjugados tanto en el indicativo como en el subjuntivo.

\<Adjetivo\>	El hombre \<que se casa (I) con María\> es costarricense.
	Van al hotel \<donde pasaron (I) su luna de miel los padres de María\>.
	Buscaba uno \<que fuera (S) menos formal\>.
	No conozco a nadie \<que hable (S) esa lengua\>.
\<Adverbio\>	Se casaron \<después de que se terminó (I) la guerra\>.
	\<Cada vez que viajas (I)\>, te guardo el coche.
	Lo haré \<cuando no estés (S) en casa\>.
	Le di ese libro \<para que lo leyera (S)\>.
\<Sustantivo\>	Creo \<que es (I) muy bonito\>.
	Me parece \<que debes (I) entregarlo a la policía\>.
	Me encanta \<que mis hijos vivan (S) cerca de aquí\>.
	Nos dijo \<que le entregáramos (S) el trabajo el viernes\>.

Tal como se puede deducir de los ejemplos anteriores el subjuntivo aparece en cláusulas adjetivas cuando la cláusula modifica a un sustantivo desconocido, es decir, cuando no se puede afirmar la existencia de la entidad. El subjuntivo aparece en cláusulas adverbiales cuando la cláusula se refiere a una circunstancia desconocida o irreal. Y el indicativo aparece en cláusulas nominales cuando el hablante puede, y quiere, afirmar el contenido de la cláusula. Así es que los hechos sintácticos confirman el análisis semántico.

Ejercicio 4.10   Decida cuál es la función sintáctica de la cláusula subordinada en las siguientes frases. Las tres primeras frases ya se han analizado para que sirvan de modelo.

a. Pasa el pan a la persona ‹que tenga el cuchillo›.

    Esta cláusula modifica al sustantivo *persona*, de la misma manera que lo podría modificar el adjetivo *hambrienta* (por ejemplo, *la persona hambrienta*). Es una cláusula adjetiva.

b. No me di cuenta de ‹que hubiera cambiado tanto›.

    Esta cláusula sirve como complemento de la preposición *de* y es por lo tanto nominal. Por esta cláusula se podría sustituir el pronombre *eso* (por ejemplo, *de eso*).

c. Lorenzo quería estar ‹donde estuvieran sus compañeros›.

    Esta cláusula modifica a toda la situación verbal, o sea que es adverbial. Por esta cláusula se puede sustituir el adverbio *aquí* (por ejemplo, *estar aquí*).

d. ‹Cuando vuelva de la oficina›, le ofreces una copa.

e. El estudiante ‹que haya usado mi libro›, que me lo devuelva.

f. Dice el jefe ‹que venga temprano›.

g. No lo compro ‹porque sea barato›.

h. Voy a decorar mi nueva casa ‹como yo quiera›.

El indicativo y el subjuntivo con *si*

Algunos estudiantes piensan, erróneamente, que el significado de la palabra *si* elimina la posibilidad de afirmar el contenido de la cláusula que le sigue —y que, por lo tanto, siempre hay que usar el subjuntivo después de *si*. En realidad, el contraste entre indicativo y subjuntivo funciona aquí no para afirmar o negar el contenido de esa cláusula, sino para afirmar o negar una relación causativa entre las dos partes de la oración. Se usa el indicativo para afirmar que hay una relación de causa y efecto entre una cláusula y otra.

Si **tengo/tenía** tiempo, vamos/íbamos al cine.

En el ejemplo anterior no se sabe si el hablante tiene/tenía tiempo o no, pero sí se puede afirmar que de eso depende/dependía el ir al cine. En contraste, cuando es imposible afirmar este tipo de relación, se usa el pasado del subjuntivo después de *si*.

Si **tuviera** tiempo, podríamos ir al cine.

Aquí se habla de una situación irrealizable; el hablante sabe que no tiene tiempo y que por consiguiente no van a ir al cine. En la cláusula principal se usa el condicional, una forma verbal que expresa un grado mínimo de afirmación (véase el Capítulo 1 sobre el significado del condicional). Este tipo de frase permite hablar de lo imposible, lo que se hace con cierta frecuencia: *Si yo fuera el presidente de este país. . . .*

La combinación *como si* + pasado del subjuntivo se usa para hacer referencia a una circunstancia contraria a los hechos reales:

Ese hombre se porta como si **fuera** el director de la empresa, y es sólo un empleado.

El presente del subjuntivo no se usa después de *si*. En algunos dialectos americanos, se dice, por ejemplo, *No sé si pueda/tenga/vaya. . .* , pero el uso del presente del subjuntivo es posible sólo después de toda la frase introductoria, *no sé si*, que comunica claramente que el hablante no afirma el resto de la frase. Estos mismos hablantes no van a utilizar el presente del subjuntivo sólo después de *si*.

Ejercicio **4.11** Vuelva al Ejercicio 4.1 y observe las frases en el diálogo que contienen *si*. ¿Entiende ahora el uso del indicativo y del subjuntivo en estas frases?

Ejercicio **4.12** Complete estas frases de manera lógica, fijándose en el modo y el tiempo del verbo después de *si*. Luego compare sus frases con las de sus compañeros.

Ejemplo: Si llueve en la playa, no vamos a bañarnos.

Si lloviera en el desierto, no sería desierto.

a. Si vas a la biblioteca, . . .

b. Si fueras a la luna, . . .

c. Si puedo elegir, . . .

d. Si pudiera elegir, . . .

e. Si todo va bien, . . .

f. Si todo fuera bien, . . .

g. Si mis padres me decían . . .

h. Si mis padres me hubieran dicho . . .

El uso del subjuntivo en cláusulas principales

Se ha dicho anteriormente que el subjuntivo casi siempre aparece en la cláusula dependiente. En algunos casos, sin embargo, el subjuntivo puede aparecer en la cláusula principal. (El caso de las formas imperativas se ha explicado en un apartado anterior.) El pasado del subjuntivo en *-ra* se usa en la cláusula principal de ciertas expresiones de cortesía.

Quisiera hacerle una pregunta.

Ud. **debiera** cuidarse más.

El hablante que emite estas frases cree que el oyente le merece tanto respeto que no puede hablarle de una manera demasiado insistente. Por eso elige el modo verbal caracterizado por una falta de afirmación por parte del hablante.

El subjuntivo también se usa en la cláusula principal cuando un adverbio inicial indica que la información siguiente no es fiable.

Tal vez ella se **hubiera** quedado ciega . . . (Millás)

Acaso no **estemos** bien vestidos.

En estos casos, **se ve claramente que el subjuntivo es el modo de la no-afirmación.** Esta generalización semántica sirve para explicar todos los datos que hemos examinado, aun cuando los hechos sintácticos son excepcionales. **La morfología modal se usa para modular el grado de afirmación con el que se expresa el hablante y, como resultado, para modular la reacción del oyente a su mensaje.**

La variación

Acuérdese de que hay menos formas del subjuntivo que del indicativo porque en muchísimos casos el tiempo del verbo en la cláusula subordinada está determinado por el tiempo del verbo en la cláusula principal. En estos casos el tiempo del verbo subordinado es redundante y, en algunos dialectos del español, esta redundancia ha llevado al desuso del pasado del subjuntivo. El dialecto más avanzado al respecto es el de Quito, la capital de Ecuador. Los quiteños dicen, por ejemplo:

Mis padres no querían que yo **trabaje** siendo estudiante.
(*trabajara* en muchos otros dialectos)

Anoche me dijo un policía que no **esté** en la calle debido a los disturbios.
(*estuviera* en muchos otros dialectos)

Muchos hablantes americanos del español, no sólo los quiteños, aceptan estas frases, ya que entienden por el verbo principal que toda la frase está en tiempo pasado.

Sin embargo, el pasado del subjuntivo sigue usándose en todos los dialectos en las frases condicionales.

Si **hubiera** sabido que estabas ocupado, te habría llamado más tarde.

En este tipo de frase, la información marcada por el pasado del subjuntivo es totalmente irreal y es imprescindible que lleve una marca muy clara para evitar malentendidos. Por eso, el pasado del subjuntivo sigue usándose en frases condicionales en todos los dialectos. De hecho, el pasado del subjuntivo aparece con frecuencia en las dos cláusulas, sobre todo con el verbo *haber*. Este uso del subjuntivo sirve para subrayar la no-realización de las dos situaciones verbales.

Si **hubiera** sabido que estabas ocupado, te **hubiera** llamado más tarde.

Ejercicio **4.13** Hable con un nativohablante del español y pídale que acabe las siguientes frases. Anote el país de origen del hablante, y luego compare sus datos con los de sus compañeros de clase. ¿De dónde son los hablantes que usan el presente del subjuntivo en algunas de estas frases? ¿Hay alguna frase en que nadie haya usado el presente del subjuntivo?

a. Decidí estudiar en la universidad para que . . .

b. Me animaron mis padres porque querían que . . .

c. No habría ido a la universidad si . . .

d. Elegí mi especialidad porque quería estudiar algo que . . .

e. Durante mi primer año, me sorprendió que . . .

f. Me decepcionó el hecho de que . . .

g. Tenía otro concepto de la educación antes de que . . .

h. Después de egresar de la escuela secundaria, esperaba que . . .

Investigación

1. Vuelva a leer los diálogos entre Andrés y Marisa, y entre Verónica y su profesor. Ahora que ha estudiado este capítulo, explique por qué se emplea el subjuntivo en estos contextos.

2. En las frases del Ejercicio 4.10 se puede usar el indicativo en lugar del subjuntivo en cada una de las cláusulas subordinadas. Pero, por supuesto, el significado de la frase no será el mismo. Explique el cambio de significado en cada caso.

3. Localice los verbos conjugados en el subjuntivo en los siguientes dibujos. ¿Cuál es la función sintáctica de las cláusulas que contienen estos verbos en el subjuntivo?

Peanuts: © United Feature Syndicate, Inc. Reproduced by permission.

4. Lea estos refranes en voz alta (ya que vienen del lenguaje hablado) y fíjese en el contraste de significado producido por el uso o no-uso del subjuntivo después de *si*.

si + indicativo:

Si a tu amigo quieres conocer, averigua qué libros suele leer.

Si bien vestido vas, abiertas las puertas tendrás.

Si miras mucho atrás, a ninguna parte llegarás.

Si quieres buenos hijos, sé buen padre.

si + pasado del subjuntivo:

Si el avariento fuera sol, a nadie daría calor.

Si estuvieran presos todos los malos, no habría cárceles para tantos.

Si la vanidad fuera cara, no habría tantos vanidosos.

Si volaran los tontos, nunca veríamos el cielo.

5. Conjugue los verbos indicados en el subjuntivo o en el indicativo
    según su significado y contexto.

Juan Carlos I, rey de España

En Estados Unidos, muchos pensamos que los reyes **ser** gente
frívola. Y aunque hay muchos europeos que piensan lo mismo,
también hay quienes reconocen la posibilidad de que la monarquía
poder desempeñar un papel importante en el mundo moderno.
Por ejemplo, al rey de España, don Juan Carlos de Borbón, se le
considera uno de los arquitectos de la España moderna. Durante
los años después de la muerte de Franco, el Rey impidió que los
militares **frenar** el desarrollo de un estado democrático. Durante el
"Tejerazo" (el golpe de estado organizado por Tejero y otros militares), el Rey supo manejar la opinión pública y aislar a los derechis-
tas. Esto no quiere decir que el Rey **ser** liberal políticamente. No se
sabe cuáles son sus verdaderas opiniones políticas, pero se cree que
éstas **tirar** por lo conservador. Pero por conservador que **ser** el Rey,
su imagen pública es la de un hombre llano y servicial que siempre
apoyará al gobierno que **tener** el poder constitucional.

---

6. Traduzca la siguiente carta al español, usando el subjuntivo en
    todas las cláusulas subordinadas. Fíjese que los verbos en inglés
    no llevan una desinencia única que corresponda al subjuntivo en
    español. Observe también que la conjunción *that* puede suprimirse
    en algunos casos; en cambio, la conjunción *que* no puede suprimirse
    en español.

Dear Mom,

   I only have time for a note before we leave for Colorado. I'll
call you after we get there. We hoped (that) Mary would be able to
go with us, but she has to work. As a teacher, I'm always surprised
(that) people have to work in July! She's glad (that) we invited her
anyway. We'll look up Aunt Doris when we go through Toledo.

                                                    Love, Susan

Práctica oral

A continuación hay un pequeño drama basado en los errores que suelen cometer los anglohablantes al aprender español. Primero, lea el texto, fijándose en los errores cometidos por el alumno y en las correcciones del profesor. Luego, con un compañero, represente la escena de manera realista, hablando de la manera más natural posible.

Problemas con el subjuntivo

(en una escuela secundaria)

PROFESOR(A): Hola, Juan/María. ¿En qué puedo ayudarte?

ALUMNO(A): I don't understand the subjunctive.

P: En español, por favor.

A: No entiendo el subjuntivo. Necesito que usted me *ayuda.

P: **Ayude.**

A: ¿Por qué? ¿Por qué me dice *usar el subjuntivo en esa frase?

P: Que **use.**

A: No hay nadie en la clase que lo *entiende.

P: **Entienda.**

A: Y mis amigos me dijeron *hablar con usted.

P: Que **hablara.**

A: Yo sé que esta noche, cuando *hago los ejercicios, los haré mal.

P: **Haga.**

A: Entendíamos más antes de que nos *explicó todo esto.

P: **Explicara.**

A: Bueno, me tengo que ir. Mañana cuando *llego trataré de hablar con usted una vez más.

P: Cuando **llegue.**

A: Profesor, con permiso, me deprime que me *corrige continuamente.

P: **Corrija.**

A: Bueno, muchas gracias *para su ayuda.

P: **Por.**

Lectura guiada

1. Lea *Vete a jugar al béisbol* de Jim Sagel.

   a. Fíjese en los siguientes mandatos, que aparecen en el cuento:

      vete a jugar al béisbol

      págales

      no llores

      no las llames

      no hable así

      llévenme para la casa

      Identifique la forma de cada mandato (*tú*, *Ud.*, *Uds.*). Luego, convierta los mandatos afirmativos en negativos, y viceversa. Verá que, en el caso de los mandatos dirigidos a *tú*, el mandato afirmativo y el negativo tienen formas distintas.

   b. El narrador del cuento le dice a su abuelo "Ésta **pudiera** ser la última vez que lo viera". Aquí el subjuntivo *pudiera* aparece en la cláusula principal. También puede decirse "Ésta puede ser la última vez que lo vea". ¿Cuál es la diferencia de significado entre las dos frases?

   c. Localice el verbo *dijites* (dijiste) en el cuento. Tal como señalamos en el Capítulo preliminar, muchos hablantes americanos le agregan una -*s* a la forma *tú* del pretérito. De esta manera, hacen que este verbo tenga la misma terminación que todas las demás (*dices*, *decías*, *dirás*, *dirías*, etcétera).

2. Lea *Continuidad de los parques* y subraye los verbos en el subjuntivo.

   a. Verá que sólo en tres ocasiones se utilizan verbos en el subjuntivo, y dos de estos aparecen en la sección introductoria:

      Arrellanado en su sillón favorito, de espaldas a la puerta que lo **hubiera** molestado como una irritante posibilidad de intrusiones, dejó que su mano **acariciara** una y otra vez el terciopelo verde y se puso a leer los últimos capítulos.

      Aquí, la posibilidad de una intrusión es sugerida pero no afirmada. Es por la puerta "que lo hubiera molestado como una irritante posibilidad de intrusiones" que va a entrar el intruso fatal; esta cláusula subordinada prefigura el final del cuento.

b. El verbo *acariciara* presagia las caricias de los amantes novelísticos. Y, reflexivamente, las caricias de los amantes hacen pensar en el marido que está leyendo la novela:

> Hasta esas caricias que enredaban el cuerpo del amante . . . dibujaban abominablemente la figura de otro cuerpo que era necesario destruir.

El mismo verbo, *acariciara*, se repite en la segunda parte del cuento:

> El doble repaso despiadado se interrumpía apenas para que una mano **acariciara** una mejilla.

La repetición de este verbo sirve para enlazar el mundo del cuento y el de la novela, poco antes de que se fundan en el texto. ¿Puede identificar otros recursos de los que se vale Cortázar para ligar el mundo del marido-lector con el de los amantes-personajes?

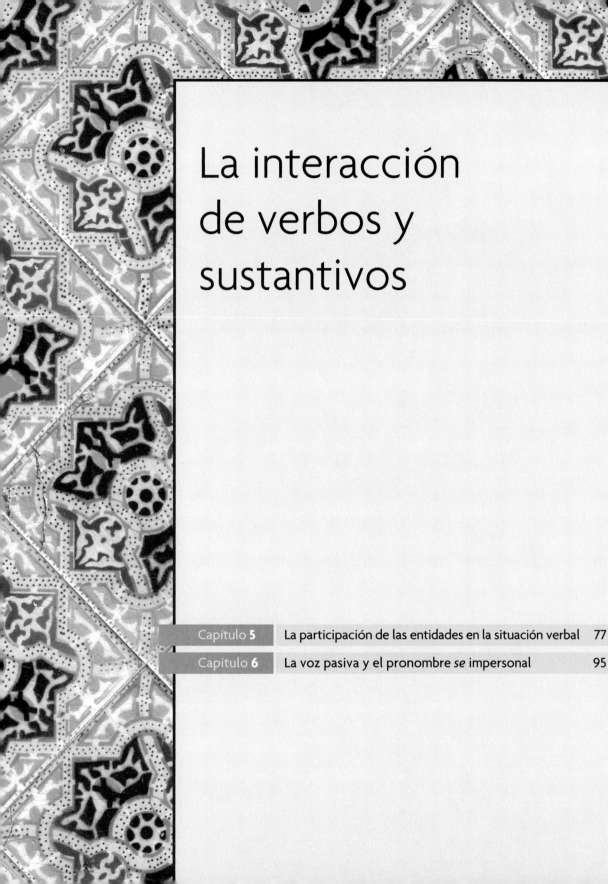

La interacción de verbos y sustantivos

Capítulo 5

La participación de las entidades en la situación verbal

Para empezar

Ejercicio **5.1**   Vuelva a leer el apartado del Capítulo preliminar sobre el sustantivo y el verbo (páginas xv–xvii). Hay que tener presente esos conceptos para seguir el argumento desarrollado en este capítulo.

En los primeros cuatro capítulos, hemos estudiado el verbo, la parte de la oración que da nombre a las situaciones. Las situaciones son el resultado de la acción y la interacción de las entidades, que participan en ellas de muchas maneras: iniciándolas o dirigiéndolas, experimentándolas u observándolas, etcétera. **Aunque hay una infinidad de posibles combinaciones de entidades y situaciones, estas combinaciones obedecen a ciertos patrones lingüísticos,** que reflejan la organización de situaciones prototípicas. En este capítulo vamos a estudiar algunas de las modalidades del comportamiento de las entidades (gramaticalmente, los sustantivos) en las situaciones verbales.

El verbo es el núcleo de la frase. Tanto es así que en español un verbo conjugado puede constituir una oración completa: *Trabajo,* por ejemplo. Sin embargo, sabemos por la desinencia de este verbo que es el hablante quien trabaja. Esta oración, igual que la gran mayoría de las oraciones en español, consta semánticamente de una situación verbal y por lo menos una entidad que participa en esa situación. Estas entidades complementan al verbo y se complementan mutuamente; son tan importantes que los verbos pueden clasificarse según el número de entidades que participan en las situaciones a las que dan nombre.

Análisis

El español cuenta con verbos de cuatro tipos, de cero a tres participantes. Un verbo de cero participantes es puramente verbal; no hay ninguna entidad que exista independientemente de la situación. En la frase *Llueve,* por ejemplo, la lluvia misma forma parte de un proceso cambiante, y por lo tanto el verbo no puede tener un sujeto explícito (*La lluvia llueve*). El verbo *llover* tampoco muestra una conjugación completa (*lluevo, *llueves, etcétera) porque carece de la participación nominal que imponga dicha conjugación.

Los verbos de cero participantes son pocos; los demás verbos son de uno, dos o tres participantes (o **argumentos**). Los verbos de un solo participante se denominan verbos **intransitivos,** un término que significa que la acción del verbo no pasa a una segunda entidad.

El tren de alta velocidad [participante 1] **salió** tarde.

Los verbos de dos participantes nombran situaciones en que la acción del verbo implica otra entidad.

Marisa [participante 1] **tomó** el tren de alta velocidad [2].

En las situaciones de tres participantes, tiene que haber un participante más para completar la situación.

Francia [participante 1] **vende** sus trenes de alta velocidad [2] a otros países [3].

Los verbos de dos o tres participantes se denominan verbos **transitivos** porque en estos casos la acción del verbo pasa ("transita") a otras entidades.

Ahora bien, no hace falta que todos los participantes se nombren. Se puede decir *¿Comiste?* o *Dame,* por ejemplo, sin hacer mención de la otra entidad complementaria si la identidad de esta entidad se entiende por el contexto. Pero la participación de las entidades complementarias forma parte de la definición del verbo transitivo y determina su comportamiento sintáctico.

Ejercicio **5.2**   Agregue dos verbos más a cada categoría.

Verbos de cero participantes: anochecer, escampar, tronar . . .

Verbos de un participante: caminar, cojear, llegar . . .

Verbos de dos participantes: pintar, hacer, romper . . .

Verbos de tres participantes: dar, decir, prestar . . .

El sujeto

En español todos los verbos conjugados tienen sujeto. **El sujeto tiene una función gramatical: rige la persona y el número de la desinencia verbal.** Hasta los verbos de cero participantes tienen sujeto, que es, por defecto, tercera persona y singular.

Una vez que el sujeto está identificado en el discurso, la desinencia verbal sirve para volverlo a identificar en verbos sucesivos. Entonces, si se conoce la identidad del sujeto, se puede suponer que el sujeto sigue siendo el mismo mientras que los verbos siguen concordando en persona y número con él.

Ejercicio **5.3** Lea este pequeño relato y averigüe cuál es el sujeto de los verbos indicados. ¿Cómo ha averiguado esto?

> Ayer, Mili **preparó** una cena muy elegante para los padres de Paco, su nuevo novio. No **fue** a la oficina y **se quedó** todo el día en casa. Por no estar en el trabajo, **fue** elegida representante al comité laboral, un verdadero calvario. Y para colmo de males, no les **cayó** bien a los padres de Paco. **Habló** largamente durante la sobremesa en contra de la política, la afición de don Francisco. Luego, durante la noche **se enfermó** —una enfermedad nerviosa, seguro.

En el ejercicio anterior se ve claramente que el sujeto de la frase no tiene una única función semántica, sino que puede hacer diferentes papeles con respecto al verbo. Mili es el sujeto de todas las frases, pero participa en las situaciones de diferentes maneras. A veces inicia la acción (por ejemplo, *Mili preparó una cena*), a veces la recibe (por ejemplo, *Mili fue elegida representante*) y otras veces no hace otra cosa que experimentar la situación (por ejemplo, *Mili les cayó mal a los padres de Paco*).

Ejercicio **5.4** Ahora traduzca el texto del Ejercicio 5.3 al inglés y observe que hay que utilizar el pronombre sujeto *she* delante de todos los verbos señalados. El uso del pronombre sujeto es mucho menos frecuente en español que en inglés, debido a la riqueza morfológica de la desinencia verbal en español.

El pronombre se define tradicionalmente como la palabra que reemplaza al sustantivo, tal como el pronombre *él* reemplaza al sujeto *José* en las siguientes frases.

José es actor.

pronominalización: Él es actor.

Sin embargo, ya sabemos que el pronombre sujeto no suele usarse cuando el sujeto está definido de manera adecuada por el discurso y la desinencia verbal. Además, en el caso del pronombre *yo*, por ejemplo, no se trata de una sustitución. Este pronombre no reemplaza a ningún sustantivo; sencillamente, lo utiliza el hablante para hacer referencia a sí mismo, la primera persona. Si el hablante usara su propio nombre en lugar de *yo*, tendría obligatoriamente que conjugar el verbo en tercera persona: *Te habla Mario Pérez* en lugar de *Te hablo yo*, por ejemplo. De la misma manera, el hablante utiliza el pronombre *tú* para hacer referencia a la persona con quien habla, la segunda persona, sin que este pronombre sustituya tampoco a ningún sustantivo.

Se puede hablar de un pronombre en el sentido estricto sólo en la tercera persona, cuando se hace referencia a entidades ajenas al hablante y al oyente. En la primera y también en la segunda personas, la práctica ha impuesto el uso del término "pronombre", pero hay que reconocer que no se trata en estos casos de la sustitución de un nombre por un pronombre.

Cuando el verbo está conjugado en primera o segunda persona singular, la identidad del sujeto es indiscutible. Sin embargo, los pronombres sujeto *yo* y *tú* tienen que usarse cuando se trata de la respuesta a una pregunta o un cambio de sujeto (o sea, cuando se trata de información nueva).

MADRE: ¿Quién dejó la puerta abierta?
HIJO: Ah, lo hice **yo**. Perdona.
MADRE: Si no lo hace tu hermana, lo haces **tú** . . .

En la tercera persona, la identificación del sujeto puede ser difícil porque hay múltiples candidatos, y porque *Ud.* y *Uds.* se refieren a la segunda persona aunque rigen desinencias de tercera persona. (Históricamente, estos pronombres tienen su origen en el título *vuestra(s) merced(es)*.) Como resultado, es corriente usar los pronombres *Ud.* y *Uds.* para indicar que el sujeto del verbo es segunda persona, y *él, ella, ellos* y *ellas* cuando puede haber confusión sobre la identidad del sujeto.

¿Qué opina usted, sr. Juez, de
lo que ella dice que hizo él?

PRONOMBRES SUJETO					
1ª sg. **1ª pl.**		**2ª sg.**	**2ª pl.**	**3ª sg.**	**3ª pl.**
yo nosotros, -as		tú (vos)	(vosotros, -as)	él	ellos
		Ud.	Uds.	ella	ellas

Los pronombres *vos* y *vosotros* aparecen aquí entre paréntesis porque no se utilizan en todos los dialectos del español. *Vos* se utiliza en lugar de *tú* o como una variante íntima de *tú* en aproximadamente el 40 por ciento de los dialectos americanos. En muchos de estos dialectos, sin embargo, el voseo se limita a la lengua hablada, y por eso el pronombre *tú* sigue considerándose el estándar. *Vosotros* es el plural de *tú* en la gran mayoría de los dialectos de España; en América, el plural de *tú* (o *vos*) es *ustedes*.

El agente

Recuerde que las acciones constituyen la situación verbal prototípica. **La entidad que inicia o dirige una acción, que se llama el *agente*, desempeña el papel central en estas situaciones.** El agente suele ser una entidad animada porque estas entidades reúnen las cualidades necesarias para dirigir las acciones.

En español el agente no lleva una morfología especial ni ejerce siempre la misma función sintáctica. Sin embargo, hay una correlación entre el sistema pronominal y la agentividad. Los pronombres sujeto pueden sustituir únicamente a entidades animadas (o sea, a esas entidades que suelen hacer el papel de agente) y no a entidades inanimadas.

Este aparato no funciona bien.

pronominalización: No funciona bien.

(**Él no funciona bien* es agramatical en la mayoría de los dialectos.)

Las filosofías orientales están de moda.

pronominalización: Están de moda.

(**Ellas están de moda* es agramatical en la mayoría de los dialectos.)

En ciertas frases, la entidad que funciona *semánticamente* como el agente funciona *sintácticamente* como el sujeto de la frase. Este tipo de frase se llama **activa**.

Hildebrando cerró la puerta detrás de sí.

En otras frases, la entidad que sirve de sujeto no produce o inicia la acción, sino que la recibe. En estas frases, lógicamente, el sujeto y el agente no coinciden. Este tipo de frase se llama **pasiva**. (Véase el Capítulo 6 para una discusión detallada de las frases pasivas.)

La puerta fue cerrada.

Y hay otras frases en las que el verbo no nombra una acción, eliminando la posibilidad de que haya un agente.

La puerta parece cerrada.

Ejercicio **5.5**   Mili es el sujeto de todas las frases en el siguiente relato de los ejercicios anteriores. Aunque la palabra *Mili* cumple la función gramatical de sujeto, Mili —la persona— desempeña diferentes funciones con respecto a las varias situaciones verbales. ¿En qué frases hace el papel de agente?

> Ayer, Mili preparó una cena muy elegante para los padres de Paco, su nuevo novio. No fue a la oficina y se quedó todo el día en casa. Por no estar en el trabajo, fue elegida representante al comité laboral, un verdadero calvario. Y para colmo de males, no les cayó bien a los padres de Paco. Habló largamente durante la sobremesa en contra de la política, la afición de don Francisco. Luego, durante la noche se enfermó —una enfermedad nerviosa, seguro.

El paciente y el complemento directo

La acción verbal muchas veces tiene un efecto que va más allá de la entidad que la inicia. Cuando una situación verbal produce un efecto en otra entidad, esta entidad también participa en la situación, aunque de una manera receptiva y no activa. **La entidad que recibe directamente los efectos de la acción se llama** *el paciente.* El paciente hace un papel en las situaciones verbales de dos o tres participantes.

Cuando el agente desempeña el papel sintáctico de sujeto, el paciente desempeña el papel sintáctico de **complemento (u objeto) directo.** Las categorías de agente y paciente son categorías semánticas; se definen con referencia a su comportamiento en la situación verbal. En contraste, las categorías de sujeto y objeto directo son categorías sintácticas; se definen con referencia a su función gramatical en la frase.

La gran mayoría de los pacientes son entidades inanimadas. De hecho, esto es lo que se esperaría al pensar en lo que hacen —mejor dicho, lo que no hacen— los pacientes. Estas entidades se caracterizan por no tomar parte activa en las situaciones verbales.

ENRIQUE: ¿Qué hay de comer?
CARIDAD: ¿Quieres comer **algo ligero?**
ENRIQUE: Sí, antes del segundo plato.
CARIDAD: Ah, ya veo. Pues, voy a corregir **este párrafo**, y entonces preparo **la comida.**
ENRIQUE: No puedo esperar. Vamos, deja **eso** y te invito a comer fuera.

Las entidades que hacen el papel de objeto directo en este diálogo completan, o complementan, la acción: para *comer* hay que comer *algo,* etcétera. Y estos objetos directos son inactivos; ni inician ni dirigen la acción. La inactividad del objeto directo es una característica de las entidades inanimadas, que constituyen el objeto directo prototípico.

Ya sabemos que no todos los miembros de una categoría son prototípicos; también hay miembros atípicos. En la categoría de los objetos directos, puede haber entidades animadas.

El campeón noqueó al **joven boxeador**.

Mucha gente quiso adoptar a **los niños huérfanos**.

Las entidades animadas tienen una capacidad innata para iniciar o dirigir las acciones, pero en ciertas situaciones no pueden ejercer esa capacidad. El joven boxeador no puede defenderse contra el campeón, por ejemplo, y los niños huérfanos no pueden hacer nada para que se les adopte. **Como las entidades animadas son objetos directos atípicos, tienen que llevar una marca especial.** Esta marca es la *a* acusativa. (La palabra *acusativo* viene del nombre latín para el complemento directo.) La *a* acusativa sirve para identificar al paciente; también, por un proceso de eliminación, permite identificar al agente.

Leonardo [*agente*] dejó **a** Patricia [*paciente*], y no al revés.

Un objeto humano poco individualizado no suele aparecer acompañado de *a* porque su condición indefinida lo incapacita para la agentividad.

Vimos (-) **muchísima gente** en la calle durante la fiesta mayor.

De hecho, la presencia de la *a* acusativa se debe no sólo a la naturaleza del objeto directo sino a la del verbo también.

María está esperando (-) su tercer hijo. (*María está embarazada.*)

vs.

María está esperando a su tercer hijo. (*María está aguardando.*)

El paciente no tiene que ser una entidad animada para que aparezca marcada con la *a* acusativa —aunque será animada en la mayoría de los casos. Hay frases en que cualquiera de dos entidades podría ser el agente, y la *a* acusativa sirve para marcar la que no lo es.

El árbol apoya **a** la pared.

Por todas estas razones, el término "*a* acusativa" es más adecuado que el término "*a* personal".

Ejercicio **5.6** Lea las siguientes frases, en que el complemento directo lleva la *a* acusativa, y observe como estos complementos directos participan pasivamente en las situaciones a pesar de ser animados. Luego agregue cinco frases más con objetos directos humanos.

a. Desgraciadamente, algunas personas odian **a los extranjeros**.

b. Ese Juanito siempre pega **a los demás niños**.

c. Es divertido bañar **a Francisquito** porque le encanta el agua.

d. Despidieron **a la cajera** porque robaba dinero.

e. Por favor, tapa **al nene** para que no se resfríe.

f.

g.

h.

i.

j.

La *a* acusativa es una pista que ayuda a distinguir entre los participantes en la situación verbal. Otra pista es la reduplicación pronominal del objeto directo cuando éste aparece delante del verbo.

El Llano no **lo** queríamos. (Rulfo)

El tercero lo constituía la empalizada del solar. (Baroja)

El complemento directo (en su forma nominal, no pronominal) suele aparecer después del verbo (por ejemplo, *No queríamos el Llano; La empalizada del solar constituía el tercero*), pero puede colocarse a la cabeza de la frase con el motivo de enfatizarlo.

Cuando el complemento directo se encuentra delante del verbo, la repetición pronominal señala este cambio de orden. La *a* acusativa y la reduplicación del objeto directo se dan dentro del marco de la frase transitiva y activa, en que el agente hace el papel sintáctico de sujeto, el verbo es un verbo de acción y el paciente hace el papel sintáctico de objeto directo.

En inglés el orden de las palabras en la frase es fijo el sujeto tiene que ir delante del verbo y los objetos tienen que ir después. En español el orden es mucho más libre, y por eso tiene que haber pistas —como la morfología verbal, la *a* acusativa y la reduplicación pronominal— que ayuden a identificar a los participantes en la situación verbal.

Ejercicio **5.7**   Identifique el sujeto y el objeto directo de los verbos transitivos indicados. Puede usar como pistas la *a* acusativa, la reduplicación pronominal y la naturaleza de la situación verbal.

a.   Algo **ha oído** el detective que le vuelve cauteloso.

b.   Ha llegado el individuo que **llamó** al jefe.

c.   Al perrito de mi abuela lo **mató** un tejón.

d.   Lo interesante es que el divorcio lo **solicitó** él.

e.   A los dictadores los **apoyan** los militares.

f.   Acaba de irse el profesor que **quiere ver** ese estudiante.

g.   Se está estudiando la propuesta que **rechazó** el Partido Popular.

h.   Ese hombre es el que **ha entrevistado** Julia Otero.

Para poder utilizar —y comprender— un pronombre, hay que saber cuál es su **antecedente,** o sea la entidad a que o a quien se refiere. Puede producirse un malentendido si el hablante sabe cuál es el antecedente de un pronombre mientras que el oyente no lo sabe.

Puri: Mamá, ¿dónde **la** has puesto?
Mamá: ¿A qué te refieres?
Puri: ¿Dónde está mi blusa nueva?
Mamá: En la lavadora. Ponte otra.

Para interpretar lo que oye, el oyente supone que los pronombres se refieren a entidades definidas por el discurso o por algún contexto compartido. Si el antecedente no está definido, tal como ocurre a veces con el pronombre *se,* el oyente es inducido por esta falta de definición a una interpretación impersonal del pronombre (véase el Capítulo 6).

El pronombre acusativo se coloca delante del verbo conjugado, como en el diálogo anterior, o después del infinitivo o del gerundio.

Volvió a abrir**la** cuando regresaba en tren a la finca. (Cortázar)

El viento que viene del pueblo se le arrima empujándo**la** contra las sombras azules de los cerros. (Rulfo)

En el caso de los mandatos, el pronombre acusativo se coloca delante del mandato negativo, pero después del mandato afirmativo. En este caso, el pronombre se junta al mandato como una sílaba más.

No **te** pongas así. (Millás)

Mejor sáca**la** al aire. (Rulfo)

PRONOMBRES COMPLEMENTO DIRECTO					
1ª sg.	**1ª pl.**	**2ª sg.**	**2ª pl.**	**3ª sg.**	**3ª pl.**
me	nos	te	(os)	lo/la	los/las
		lo/la	los/las		

Ejercicio 5.8

Lea esta conversación y observe que suena artificial porque se repite una y otra vez *el libro*. Evite la repetición usando el pronombre *lo*. Acuérdese de colocar el pronombre en el lugar adecuado.

SAMUEL: Oye, Mari, ¿tienes el libro que te presté la semana pasada?

MARIVÍ: ¡Ay, he leído el libro pero no tengo el libro conmigo!

SAMUEL: Pero Mari, te dije que necesitaba el libro para el viernes.

MARIVÍ: Sí, sí, me acuerdo. ¿Qué tal si te doy el libro cuando nos veamos esta noche?

SAMUEL: Es que tengo la tarde libre y si no empiezo a leer el libro ahora no acabo a tiempo.

MARIVÍ: Bueno, vuelvo a casa después de clase y recojo el libro. ¿Dónde vas a estar al mediodía?

SAMUEL: En la biblioteca, en la mesa de siempre. Estará también Eduardo —si no estoy yo, deja el libro con él.

MARIVÍ: Bueno, todo resuelto. Perdona que no te haya devuelto el libro antes.

SAMUEL: No te preocupes. Si tengo el libro esta tarde, no pasa nada.

El complemento indirecto

Puede haber también otro participante en la situación verbal: **el complemento (u objeto) indirecto. Este participante no inicia la acción ni la recibe directamente, sino que se beneficia o se perjudica de alguna manera por medio de la situación verbal.** En el caso más obvio, la entidad que desempeña el papel de objeto indirecto llega a poseer o deja de poseer el objeto directo.

Me robaron un millón de dólares. = Los ladrones me quitaron el dinero a mí.

o

Los ladrones le quitaron el dinero a otro y me lo dieron a mí.

El beneficio o detrimento experimentado por el objeto indirecto, sin embargo, no tiene que ser concreto. Este participante puede ser nada más que un interesado que se encuentra en una relación periférica con respecto a la situación verbal. En estos casos, el objeto indirecto se denomina el **dativo de interés**. (*Dativo* viene del término latín que nombraba el complemento indirecto en esa lengua.) La siguiente frase ejemplifica la relación literalmente indirecta que puede haber entre el objeto indirecto y la situación verbal.

Se **nos** casó el nieto mayor con una estudiante universitaria.

El abuelo que dice esto se ve involucrado en el matrimonio de su nieto, y comunica esta relación por medio del complemento indirecto.

Una de las posibles relaciones que puede haber entre una entidad y una situación verbal es la de posesión del complemento directo. Es corriente en español utilizar el complemento indirecto para identificar al poseedor, sobre todo cuando algo le pertenece físicamente.

Me duele la cabeza.

Desde luego, el hablante que dice *Me duele la cabeza* es afectado por la situación verbal, y su relación con la cabeza va más allá de la mera posesión. La gama de posibles relaciones entre el complemento indirecto y la situación verbal es muy amplia en español, y por eso algunos lingüistas emplean el término **experimentante** para hablar del dativo, porque es un término lo suficientemente amplio para dar cuenta de todas esas posibles relaciones.

Ejercicio **5.9**   A las siguientes situaciones de dos participantes, agregue un tercer participante. Al final, observe las varias relaciones que hay entre los complementos indirectos y la situación verbal.

Ejemplo: Creo todo. → A Emilio le creo todo.

a.   Busco una casa. →

b.   Sirvo el postre. →

c.   Abro la puerta. →

d.   Oculto la verdad. →

e.   Presto atención. →

f.   Pego una bofetada. →

g.   Tengo una sorpresa. →

h.   Cuido el gato. →

Ejercicio **5.10** Lea las siguientes frases, en las que *José* hace el papel de complemento indirecto. Luego tradúzcalas al inglés, utilizando el verbo entre corchetes. Fíjese que en inglés *José* a veces ejerce la función gramatical de sujeto y no el de complemento indirecto.

a. A José le gusta el fútbol. [*like*]

b. A José le pica la piel. [*itch*]

c. A José le deprime la falta de luz. [*depress*]

d. A José le hacen falta unas largas vacaciones. [*need*]

e. A José le va muy bien ese traje. [*look nice in*]

f. A José le regalaron una cafetera italiana. [*give*]

g. A José le da igual lo que digan. [*not care*]

h. A José le vuelven loco los exámenes. [*drive crazy*]

PRONOMBRES COMPLEMENTO INDIRECTO					
1ª sg.	**1ª pl.**	**2ª sg.**	**2ª pl.**	**3ª sg.**	**3ª pl.**
me	nos	te	(os)	le	les
		le	les		

Observe que *te* es el pronombre complemento que corresponde a *tú* y también a *vos*. No hay un pronombre complemento especial que corresponda sólo a *vos*, aunque sí hay desinencias verbales especiales en muchas de las regiones donde se emplea el voseo. En el dialecto argentino de Mafalda, *entendés* (y no *entiendes*) es la forma del tiempo presente correspondiente a *vos*.

© Joaquín Salvador Lavado (QUINO)
Toda Mafalda — Ediciones de
LA Flor, 1993

Todos los pronombres complemento son clíticos, lo que quiere decir que no reciben el acento fonéticamente. Para enfatizar un clítico, entonces, no es posible acentuarlo. Lo que sí se puede hacer es repetirlo.

La reduplicación pronominal del complemento directo es obligatorio cuando el complemento directo es colocado a la cabeza de la frase.

Esto lo hemos comentado anteriormente. (esto = lo)

Pero, excepto en estos casos, la reduplicación del objeto directo es corriente sólo en algunos dialectos. La reduplicación del objeto indirecto, en cambio, es corriente en todos los dialectos. Siempre se puede reduplicar el pronombre de objeto indirecto en forma de complemento preposicional: *Dámelo a mí,* por ejemplo. Entonces, para enfatizar el complemento indirecto, se puede acentuar fonéticamente el complemento preposicional: *Dámelo a **mí*** (nunca **Damelo*). En la tercera persona, debido a que hay muchas terceras personas, la reduplicación preposicional puede ser necesaria para evitar confusión. La frase preposicional, sin embargo, no suele aparecer con el verbo sin que aparezca también el pronombre. No se dice, por ejemplo, **Dalo a mí.*

Tal como se ve en la palabra *dámelo,* el pronombre de complemento indirecto (*me*) se coloca delante del pronombre de complemento directo (*lo*). Fíjese, además, que los pronombres *le* y *les* sufren un cambio a *se* cuando se colocan delante de *lo/la/los/las.*

A: ¿Vas a regalar**le** eso a Julián?

B: Sí, **se** lo voy a dar.

Este proceso obligatorio se debe a un cambio histórico en la pronunciación de las consonantes.

La variación

Los pronombres se utilizan con mucha frecuencia y, como resultado, la variación pronominal es especialmente rica. Los casos comentados a continuación constituyen sólo una parte de la variación pronominal que se da en el mundo hispanohablante.

La distinción entre el objeto directo y el objeto indirecto no es siempre muy clara. La siguiente frase ejemplifica algunos de los factores que llevan a la confusion.

Juan pegó a Francisco.

El verbo *pegar* tienen un objeto directo tácito; se entiende que Juan le pegó una bofetada a Francisco y que por lo tanto Francisco es el complemento indirecto. Pero, gracias a la confusion entre la preposición *a* y la *a* acusativa, esta frase tiene la misma estructura superficial que *Juan vio a Francisco,* donde Francisco es el objeto directo. Debido a todo esto, algunos hablantes emplean el pronombre indirecto en lugar del pronombre directo en la tercera persona masculina. Dicen, por ejemplo, hablando de Pedro, *Le buscaba* en vez de *Lo buscaba*, aunque se trata aquí del paciente del verbo *buscar*. Hay varios ejemplos de este fenómeno, que se llama **leísmo,** en las lecturas.

> Nadie venía a visitar**le** [= *al contador de cuentos*]. (Puértolas)

> . . . en aquella plaza triste, estaba el hombre a quien esperaba; un hombre fuerte para respetar**le**, bueno para amar**le** [= *al hombre a quien esperaba*]. (Baroja)

Hasta dentro de una misma frase se puede ver un complemento directo pronominalizado por *le* y luego por *lo*.

> La lectura del periódico, lejos de conectar**le** con la realidad inmediata, **lo** [= *a él*] separó del mundo . . . (Millás)

Los ejemplos citados aquí son de autores españoles, y de hecho el leísmo se asocia con el español europeo. Sin embargo, el leísmo se debe a que las categorías de complemento directo e indirecto son fáciles de confundir en algunos casos. Los complementos indirectos suelen ser personas, así que un complemento directo humano se parece a un complemento indirecto por su naturaleza animada. Como resultado, hasta en dialectos que no se consideran leístas, no se mantiene una distinción clara.

Ejercicio 5.11 Para saber qué dialectos son leístas, hay que entrevistar a gente de varias regiones dialectales. Pida a un hablante que le dé la forma pronominal de las siguientes frases (es decir, que sustituya la frase señalada por un pronombre). Luego compare los resultados con los de sus compañeros de clase. No se olvide de preguntarle al hablante por su país de origen.

a. En los hospitales públicos, están obligados a atender **a los pobres**.
b. Este fin de semana vamos a llamar **a mis abuelos**.
c. Las mujeres siempre quieren besar **a Julio**.
d. Los sábados ayudo **a mi tío** en su tienda.
e. Desgraciadamente, ya nadie viene a visitar **a don Mario**.
f. El médico va a separar **al enfermo** de sus familiares.
g. Vi **a Emilio** en San José.
h. El joven se puso violento y mató **a su novia** delante de todo el mundo.

Existen otros patrones de variación dialectal relacionados con los pronombres complemento. En una variante del leísmo, el uso de *le/les* para los complementos directos se extiende a todos los complementos directos y no se limita a los complementos directos animados: se dice *Les puse en el armario* (*les = los zapatos*) en vez de *Los puse en el armario.* Otra variante es el **laísmo**, en que los pronombres de complemento indirecto tienen formas femeninas: *la* (en singular) o *las* (en plural). Por ejemplo, en los dialectos laístas se dice *La dije que llegábamos tarde* (*la = a María*) en vez de *Le dije que llegábamos tarde.* Estos dos fenómenos, el uso de *le/les* como complemento directo inanimado y el de *la/las* como complemento indirecto, se dan en una minoría de dialectos pero sirven para ejemplificar una tendencia general hacia una confusión entre las categorías de complemento directo e indirecto.

Investigación

1. Decida si se debe usar o no la *a* acusativa en las siguientes frases. Entonces, pida a un hispanohablante que haga lo mismo. Si sus respuestas no coinciden, pregúntele qué es lo que influye en su elección. Es probable que se tenga que inventar un contexto para las frases problemáticas. Finalmente, compare sus respuestas con las de sus compañeros de clase.

    a. Un huracán destruyó _____ el barrio pobre de la ciudad.

    b. Ese idiota maltrató _____ mi pobre perro.

    c. Me gusta la política porque me permite conocer _____ nuevas personas.

    d. Como no tienen hijos los García, piensan adoptar _____ un niño huérfano.

    e. Conozco _____ una familia Pérez —pero no sé si son sus primos.

    f. Según el sindicato, la compañía va a perder _____ muchos valiosos empleados.

    g. Aquí se necesita _____ mucha gente preparada.

    h. Después del terremoto, encontraron _____ muchos heridos en la calle.

2. ¿Cuál es la relación entre el complemento indirecto y la situación verbal en los siguientes casos? Según el contexto en que se usen estas frases, puede haber más de una posibilidad. En algunos casos, encontrará una pista entre paréntesis.

    Ejemplo: **Te** lo enviaré cuando pueda. = Te lo enviaré a ti.

                                                    o

                                                    Se lo enviaré a otra persona para ti.

a. **Le** voy a averiguar la respuesta.

b. Espero que alguien **me** compre esto.

c. Como se encontraba enfermo, **le** hicieron muchas cosas. (*cosas agradables o desagradables*)

d. **Nos** vendieron la casa por poco dinero.

e. **Me** comieron todo el pastel. (*dicho con orgullo o con resignación*)

f. **Les** abrieron el portal y la puerta trasera.

Práctica oral

Hoy en día hay mucha variación en la manera en que los hispanohablantes se dirigen a los demás: de manera informal/solidaria (de *tú* o *vos*) o de manera formal/respetuosa (de *Ud.*).

Para observar algunas facetas de esta variación, pregúntele a un hispanohablante cómo se dirige a los siguientes interlocutores y por qué elige ese trato. Pregúntele también si el grado de formalidad varía según las circunstancias de la conversación o según la edad de la persona. No se olvide de anotar el país de origen de su informante. Finalmente, compare sus datos con los de sus compañeros de clase, y formulen juntos una generalización que describa los datos de todos. En algunos dialectos se usan *vos*, *tú* y *Ud.*; en estos casos hay que averiguar cómo funciona este sistema tripartito.

los padres	un maestro/profesor
los abuelos	un cajero/camarero/taxista
los suegros	un cura/una monja
los hijos/sobrinos	un sirviente que trabaja en su casa
el médico/abogado/dentista de la familia	
	un policía
un ex-novio/ex-esposo	un ladrón que ha entrado en casa
un desconocido de su edad	Dios
un desconocido de la edad de sus padres	

Lectura guiada

1. Lea *La enemiga,* de Virgilio Díaz Grullón.

   a. Al leer el final de esta fantasía espeluznante, se dará cuenta de que la segunda "muñeca" es realmente un bebé. Sin embargo, el autor no utiliza la *a* acusativa al referirse al bebé: ". . . adivino esta vez una secreta complicidad entre mamá y Esther para proteger la segunda muñeca" (no "**a** la segunda muñeca"). Busque esta frase y decida cuál es el significado del no-uso de la *a* acusativa aquí.

   b. El cuento se narra en primera persona, pero el pronombre sujeto *yo* se utiliza sólo en contadas ocasiones. Vuelva al texto y subraye el pronombre, y luego averigüe por qué se utiliza precisamente en esos contextos.

2. Lea *Vete a jugar a béisbol,* de Jim Sagel. En este cuento, se puede observar el uso no-recíproco de *tú* y *Ud.* (es decir, el uso de un trato por parte del hablante y de otro por parte del oyente). Desde luego, en la mayoría de los casos no se usan los pronombres sujeto *tú* y *Ud.*, pero el trato se manifiesta en los verbos y en los pronombres clíticos. Averigüe con qué forma tratan el narrador y su madre al abuelo, y con qué forma trata el abuelo a ellos. ¿Cuál es el significado social del uso de *tú* y *Ud.* por estos personajes?

Capítulo 6

La voz pasiva y el pronombre *se* impersonal

Para empezar

Ejercicio **6.1** Si no se acuerda de los siguientes términos del capítulo anterior, búsquelos en el Glosario: *sujeto, agente, paciente, complemento directo e indirecto, verbo transitivo e intransitivo.* El conocimiento de esta terminología es imprescindible para la comprensión del presente capítulo.

Ejercicio **6.2** Traduzca este párrafo al inglés. Verá que las estructuras con *se* y las con *ser* + participio coinciden en traducirse por la voz pasiva en inglés.

> En el año 1992, **se dieron** los últimos pasos para que España formara parte de la Unión Europea. Dentro del país, el tratado de adhesión **fue comentado y criticado,** pero el apoyo del gobierno socialista hizo que **se ratificara.** Los críticos decían que **se perdería** el carácter único del país, mientras que los entusiastas sostenían que la cultura española **sería fortalecida** por los avances económicos. El tiempo dirá quién tiene la razón. Lo que está muy claro es que la famosa siesta puede **convertirse** en un detalle costumbrista, por lo menos en las zonas urbanas, con la adopción del horario europeo de 9 a 5.

En este capítulo, se analizan dos estructuras que son muy diferentes sintácticamente: la frase pasiva y la frase impersonal. A pesar de sus diferencias sintácticas, sin embargo, estas dos estructuras comparten un rasgo semántico importante: sirven para eliminar o marginar al agente. ¿Por qué será que la lengua tiene estos recursos gramaticales, y cuál es la motivación comunicativa que los produce? Vamos a ver que el agente puede ser eliminado cuando se sabe de sobra quién es y el mencionarlo no contribuye nada al discurso. El agente puede ser eliminado también porque no se le puede identificar. (Recuerde que el uso del subjuntivo responde a una doble motivación parecida. Evidentemente, la calidad informativa es un factor en la organización del discurso.)

Cuando el agente es conocido, no hace falta identificarlo. Las recetas, por ejemplo, imparten mucha información, pero no identifican al cocinero (que será, por supuesto, la persona que lee la receta).

© Food Pix/Laszlo Selly/Jupiter Images

Pollo a la cazuela

Se corta un pollo a cuartos, separando las alas del pecho. **Se** pone aceite de oliva en una cazuela de barro y **se** cuece el pollo unos 25 minutos. **Se** saca el pollo, y **se** hace un sofrito de ajo, cebolla, vino blanco, tomate, sal y pimienta. Luego, **se** cuece el pollo en el sofrito un cuarto de hora más, tapado.

En la receta el agente queda marginado al ser sustituido por el pronombre *se*, que es una palabra que proporciona muy poca información.

A veces el no identificar al agente responde a algún motivo concreto. Los periodistas, por ejemplo, a veces se ven en la necesidad de comunicar lo que saben sin decir de dónde ha provenido la información.

Fue revelado ayer que los senadores izquierdistas votarán en contra del plan económico.

Al estudiar el resto de este capítulo, recuerde que el agente es eliminado o marginado en las frases pasivas y en las frases impersonales. Este propósito comunicativo es lo que tienen en común las dos estructuras.

Análisis

La voz activa y la voz pasiva

El orden básico de los elementos de la frase transitiva es sujeto – verbo – complemento. (Este orden es variable, pero las variaciones se hacen con respecto a este patrón.) Como hay más de un participante en las situaciones transitivas, hay que decidir qué participante va a hacer el papel de sujeto y ocupar el primer espacio en el orden básico de palabras.

Pensemos en la situación verbal prototípica donde el agente inicia una acción que recae sobre el paciente. En la expresión lingüística de esta situación, hay dos posibilidades: la función sintáctica del sujeto puede ser cumplida por el agente o por el paciente. La elección del sujeto es un recurso gramatical que se llama **voz;** una situación transitiva puede describirse desde el principio o desde el final, de acuerdo con la voz elegida por el hablante. **Si el hablante organiza la frase para que el agente sea el sujeto, el resultado es una frase en voz activa.** La frase activa reproduce, cronológica y gramaticalmente, el desarrollo de una acción que empieza con el agente y luego pasa al paciente.

El lanzador → tiró → la pelota

En cambio, **si el hablante organiza la frase para que el paciente sea el sujeto, el resultado es una frase en voz pasiva.** En frases pasivas, la estructura de la frase va en sentido contrario a la cronología de la situación transitiva.

La pelota ← fue tirada ← por el lanzador

Fíjese que el verbo en frases pasivas consta de una forma de *ser* más el participio de un verbo transitivo (véase el Capítulo 3 sobre el verbo *ser*). Conviene señalar que el agente no tiene que mencionarse en la frase pasiva; *La pelota fue tirada* es una frase completa. Si aparece el agente, éste es relegado al papel de complemento preposicional.

Ejercicio 6.3 Lea el siguiente reportaje y clasifique las frases o cláusulas en activas o pasivas.

Deparacido un óleo de Frida Kahlo

Uno de los más importantes óleos de Frida Kahlo fue robado ayer de una colección privada. El robo fue descubierto por una criada, quien había notado una sospechosa subida de temperatura en la pinacoteca. Evidentemente, los ladrones habían desarmado el aire acondicionado para poder entrar. Según fuentes oficiales, la policía está siguiendo unas pistas anónimas y espera recuperar el cuadro de la pintora mexicana, que ha sido valorado en más de un millón de dólares.

En la lengua moderna, la voz pasiva con *ser* se utiliza menos que la sustitución del agente por el pronombre *se*. Y, como suele pasar en la evolución de las lenguas, la forma que menos se usa ha llegado a tener un matiz formal o literario. De hecho, la voz pasiva con *ser* se usa más en la lengua escrita que en la lengua hablada. También aparece más en tiempo pasado que en los otros tiempos verbales, debido a que presenta la situación verbal al revés, empezando por su final, y lo finalizado puede asociarse con el pasado.

El origen reflexivo del pronombre *se*

Hay una subcategoría de frases transitivas en las que el sujeto y el complemento son una misma entidad. En estas frases **la acción iniciada por el agente recae sobre sí mismo**. Metafóricamente, se puede decir que el complemento refleja al sujeto; por eso, estas frases se llaman **reflexivas.** El complemento reflexivo puede ser directo o indirecto, como en los siguientes ejemplos.

El niño **se** baña solo. (*niño* = sujeto y objeto directo)

Nos hemos comprado un carro. (*nosotros* = sujeto y objeto indirecto)

Cuando hay más de un participante en una situación reflexiva, puede haber un intercambio de acciones y efectos en el cual la acción iniciada por un participante recae sobre otro y viceversa. Las frases que describen este tipo de interacción constituyen una subclase de las frases reflexivas que se llaman reflexivas **recíprocas.**

Sin mirar**se** ya, atados rígidamente a la tarea que los esperaba, **se** separaron en la puerta de la cabaña. (Cortázar)

Evidentemente, esta frase no quiere decir que los dos personajes se miran o se separan a sí mismos sino que se miran y se separan mutuamente.

Hay algunas situaciones verbales que son reflexivas por su propia naturaleza. El caso más obvio de esta reflexividad inherente lo constituye el verbo *suicidarse*; desde luego, no se puede "suicidar" a otra persona. En contraste, casi todos los demás verbos transitivos pueden ser también reflexivos cuando su complemento es igual a su sujeto.

Maruja está pintando la mesa. (*Maruja* = sujeto, *mesa* = objeto directo)

vs.

Maruja **se** está pintando. (*Maruja* = sujeto y objeto directo)

Por razones menos obvias, los verbos *jactarse, quejarse, arrepentirse* (y algunos otros) siempre aparecen con el pronombre reflexivo. La variante no-reflexiva de estos verbos sencillamente no existe; **suicidar, *jactar, *quejar* y **arrepentir* no se encuentran en el diccionario.

PRONOMBRES REFLEXIVOS					
1ª sg.	**1ª pl.**	**2ª sg.**	**2ª pl.**	**3ª sg.**	**3ª pl.**
me	nos	te	(os)	se	se
		se	se		

Al comparar los pronombres reflexivos con los pronombres acusativos y dativos (págs. 87 y 89), se notará que en la primera persona y la segunda, los mismos pronombres sirven para complementos directos, indirectos y reflexivos. *Me, nos, te* (y *os* en muchos dialectos europeos) hacen indistintamente el papel de los tres tipos de complemento verbal. Esta falta de diferenciación pronominal no lleva a confusiones porque el hablante siempre sabe quiénes están participando en el discurso. Las entidades ajenas al discurso, en cambio, son muchas y mucho más difíciles de identificar. (No se olvide de que los referentes de *Ud.* y *Uds.* están presentes en el discurso, pero los pronombres se comportan morfológicamente como tercera persona.)

La actividad desempeñada por las terceras personas es algo que puede ayudar a identificarlas; por eso, los pronombres acusativos, dativos y reflexivos se diferencian unos de otros. La mayor diferenciación de los pronombres en tercera persona permite comunicar claramente cómo participan estas entidades en la situación verbal.

Hay otro dato que salta a la vista cuando se comparan los paradigmas pronominales: los pronombres de tercera persona varían en cuanto a su valor informativo. Los de objeto directo llevan información sobre género, número y persona; el pronombre *lo,* por ejemplo, es masculino, singular y tercera persona. Los pronombres de objeto indirecto sólo llevan información sobre número y persona; *le* es singular y tercera persona pero puede ser masculino o femenino. Los pronombres reflexivos de la tercera persona no expresan ni número ni género; una misma forma, *se,* sirve para singular y plural, masculino y femenino. En las frases reflexivas, dada la identificación del complemento con el sujeto, el pronombre complemento no tiene que aportar mucha información; sólo tiene que reflejar las características del sujeto. Es por esta razón que **la calidad informativa del pronombre** *se* **es mínima:** lo único que hay que saber sobre su referente es que es idéntico al sujeto.

Ejercicio 6.4   Las siguientes frases son transitivas pero no reflexivas, lo que quiere decir que el sujeto es distinto del complemento. Cambie lo que sea necesario para que estas frases sean reflexivas, haciendo que el referente del complemento directo o indirecto sea igual al del sujeto. No se olvide de que el complemento indirecto puede aparecer dos veces: en forma pronominal y preposicional.

> *Ejemplo:* La madre acuesta **a su hijito**. $\rightarrow$ La madre **se** acuesta.

a. **Le** compré ese cassette **a Silvia**.

b. Justina **le** sirvió más café **a su abuela**.

c. Arreglamos **la sala** antes de irnos.

d. Ud. **me** salvó a tiempo.

e. El jefe despidió **a varios empleados** la semana pasada.

f. Uds. **nos** encuentran en un mal momento.

g. Levanté **la mesa** y luego pasé a la sala.

h. La enfermera **le** quitó **al paciente** la ropa que llevaba.

El uso impersonal de *se*

En el español moderno, el pronombre *se* se ha desligado parcialmente del paradigma reflexivo, y se utiliza a menudo en frases no-reflexivas. En estos casos, el significado de *se* no depende de ningún antecedente y por consiguiente el pronombre no significa más que tercera persona singular. **En frases no-reflexivas, *se* desempeña la función de una entidad impersonal gracias a su mínimo cargo informativo.**

La siguiente frase, por ejemplo, tiene la forma de una frase reflexiva.

> Aquí **se** venden **puros dominicanos**.

No obstante, sabemos que esta frase no puede ser reflexiva: los puros no son entidades animadas y no pueden venderse a sí mismos. *Puros dominicanos* es el sujeto de la frase —por eso rige la desinencia del verbo— pero no es el agente. De hecho, el agente aparece sólo como el pronombre *se* y, dado que este pronombre no tiene ni género ni número, el agente queda así sin identificar.

La siguiente frase se parece superficialmente a *Aquí se venden puros dominicanos,* pero es muy diferente.

> Aquí **se** visten **los actores**.

Esta frase es activa y reflexiva. La expresión nominal *los actores* desempeña los papeles de agente y de paciente y también el de sujeto. Aquí no hay ninguna división entre el papel sintáctico de sujeto y el papel semántico de agente.

Ejercicio **6.5**   Decida si el *se* que aparece en las siguientes frases funciona como un complemento reflexivo o como un agente impersonal.

Los clientes se lo llevan todo

En el reciente congreso de hoteleros, **se** habló mucho de un problema que por lo visto **se** da en todas partes. Es que los clientes **se** llevan los ceniceros, las toallas, las sábanas y hasta los cuadros colgados en la pared. Los hoteleros han ingeniado muchas técnicas para proteger**se**, tales como la instalación de perchas permanentes y televisores remachados a la mesa de noche. Y, naturalmente, los clientes protestan que las perchas son difíciles de usar y los televisores no **se** ven desde todas las partes de la habitación. ¿Cómo **se** va a acabar con la fuga de propiedad sin ofender a los clientes? De momento, de lo que **se** puede estar seguro es de que el precio de una noche en un hotel va a subir de acuerdo con el auge de estos robos burgueses.

Hay algunas construcciones con *se* que pueden entenderse de dos maneras, por lo menos fuera de contexto, porque las entidades animadas pueden participar de diferentes maneras en la situación verbal. En algunos casos, el orden de las palabras sirve para zanjar cualquier confusión.

Mucha gente se ve en el parque. (= Van al parque para verse unos a otros.)

vs.

Se ve **mucha gente** en el parque. (= Uno puede ver a mucha gente en el parque.)

Cuando se trata de seres humanos concretos y específicos, sin embargo, el orden de las palabras no soluciona el problema. Por la siguiente frase se puede entender que Luci y Martín se ven el uno al otro o que son vistos.

Luci y Martín suelen ver**se** en este tipo de fiesta.

Para que la frase se entienda de manera pasiva/impersonal, se puede usar la *a* acusativa para marcar el paciente (véase el Capítulo 5). Eliminada así la posibilidad de que *Luci y Martín* sea el sujeto, el verbo tiene que conjugarse en singular.

Se suele ver **a** Luci y Martín en este tipo de fiesta.

o

A Luci y Martín se **les** suele ver en este tipo de fiesta.

Fíjese que en esta segunda frase el complemento directo aparece dos veces, después de *a* y también como el pronombre *les*. Esta reduplicación suele practicarse con el complemento indirecto, y ya que los complementos indirectos suelen ser entidades animadas, el leísmo en este tipo de frase es prácticamente universal.

Ejercicio **6.6**   Vuelva a escribir estas frases con *a* acusativa, eliminando así la posibilidad de que la frase pueda interpretarse de manera reflexiva.

a.   Se enviarán unos expertos reconocidos para ayudar con la excavación.
b.   Los representantes a la asamblea general van a seleccionarse en la reunión.
c.   Los candidatos a los Oscar se entrevistarán mañana.
d.   Vicente y Alejandro Fernández se conocen hasta en Japón.
e.   A veces parece que se eligen políticos cada vez más corruptos.
f.   Los tenistas españoles se sitúan entre los mejores del mundo.
g.   Los jugadores se retrataron con los aficionados después del partido.
h.   Los ganadores se nombraron en una rueda de prensa.

Ya se ha dicho que en frases como *Aquí se venden puros dominicanos* el pronombre *se* sustituye al agente sin identificarlo. Este tipo de frase se parece a la frase pasiva con *ser* porque no identifica al agente. Y también hay otra semejanza: en los dos tipos de frase el sujeto (sintáctico) no coincide con el agente (semántico). Al lado de estas semejanzas, sin embargo, hay unas diferencias importantes entre las dos estructuras.

El *se* impersonal puede aparecer con cualquier verbo, transitivo o intransitivo, siempre que el verbo no sea de cero participantes (**se nieva*) ni nombre una acción que no tenga un agente humano (**se ladra*). En contraste, el sujeto de una frase pasiva con *ser* tiene que ser el paciente de un verbo transitivo.

frase activa y transitiva:	**Los sindicalistas** rechazaron el contrato.
variante pasiva con *ser*:	El contrato fue rechazado (por **los sindicalistas**).
variante impersonal:	**Se** rechazó el contrato (—).

Ya que *se* ocupa el lugar del agente en las frases impersonales, no debe haber frases impersonales en que el agente aparece como el complemento de la preposición *por;* sin embargo, en la práctica existe este tipo de frase. Se producen estructuras híbridas como las siguientes: *La ley se aprobó por el senado* o *El sustantivo se modifica por el adjetivo.* Evidentemente, la estructura pasiva y la impersonal son intercambiables para muchos hablantes —por las razones semánticas que se han comentado aquí.

Las frases intransitivas no tienen una variante pasiva porque el verbo no admite un paciente.

frase activa e intransitiva:	**Los estudiantes** caminan a sus clases.
variante pasiva con *ser*:	—
variante impersonal:	**Se** camina a las clases.

Los hispanohablantes pueden aprovechar el *se* para echarle la culpa a una entidad indefinida o desconocida. Se puede decir, por ejemplo, *Se me rompió la copa,* donde el hablante aparece como *me,* el complemento involucrado indirectamente en la situación. Al decir esto, el hablante rechaza implícitamente el considerarse responsable por lo acaecido. En inglés, se puede comunicar este mensaje de varias maneras:

It slips Rico's mind.	→	A Rico se le olvida.
Our mail went astray.	→	Se nos extravió el correo.
The printer broke down on me.	→	Se me estropeó la impresora.

Debido a su origen clítico, el pronombre *se* tiene que aparecer al lado de cada verbo del que es el agente impersonal. No se puede prescindir de él.

Se preparó el terreno, **se** instaló la electricidad y luego **se** construyó el edificio.

El pronombre sujeto, en contraste, no tiene que repetirse.

El constructor preparó el terreno, (-) instaló la electricidad y luego (-) construyó el edificio.

La opción medio-pasiva

Hasta este punto, se ha establecido un contraste entre estructuras reflexivas por una parte y estructuras impersonales por otra. Es importante entender la diferencia entre ellas, pero también hay que reconocer que hay situaciones que caen entre estos dos polos. Por ejemplo:

Fausto **se** emborrachó con pisco en Lima.

Luz y Aníbal **se** van a casar por la iglesia.

En estas frases, los sujetos hacen un papel causativo con respecto a la situación verbal: Fausto se bebió el pisco, y Luz y Aníbal han tomado la decisión de casarse. Pero también intervienen otros factores causativos: las bebidas alcohólicas emborrachan y la autoridad de la iglesia santifica el matrimonio.

Estas frases son **medio-pasivas.** Pueden considerarse pasivas porque el sujeto del verbo es en cierto sentido un paciente, pero no son exclusivamente pasivas porque el sujeto también tiene unas características agentivas. Este tipo de frase existe en español porque hay situaciones en el mundo en las que intervienen varios causantes, y la gramática —que está al servicio de la comunicación— tiene que facilitar la descripción de cualquier tipo de situación.

En inglés, solemos utilizar el verbo *to get* para formar frases mediopasivas. Este verbo es bidireccional, lo que quiere decir que su sujeto puede iniciar la acción (como en la primera frase) o recibirla (como en la segunda).

*I went to the store and **got** the paint I needed.*

vs.

*The mail just came and I **got** a package.*

El carácter bidireccional de este verbo permite que se use para describir situaciones en que hay más de un factor causativo.

Ejercicio **6.7**   Traduzca estas frases al español utilizando los verbos indicados. Uno de los factores causativos aparece en el verbo, y el otro en una frase preposicional.

Ejemplo: I got mad (enfadarse) *because of what he said.* →
Me enfadé por lo que dijo.

a. *He gets sick* (enfermarse) *because he doesn't take care of himself.*
b. *We get worried* (preocuparse) *when my grandmother doesn't call.*
c. *Juancho got lost* (perderse) *because of misleading signs.*
d. *The students are getting bored* (aburrirse) *with this lesson.*
e. *Zulema got food poisoning* (intoxicarse) *from eating on the street.*
f. *The baby will get hurt* (hacerse daño) *if he falls down the stairs.*
g. *Our neighbor got killed* (matarse) *in a car accident.*
h. *I got inspired* (inspirarse) *when I saw Gaudí's buildings in Barcelona.*

Otras maneras de eliminar al agente

Al lado del empleo de la voz pasiva y del *se* impersonal, hay otras estructuras que permiten que se hable de una situación verbal sin identificar al agente de la acción. Una opción sencilla es conjugar el verbo en la tercera persona plural (sin que haya un sujeto específico). Es corriente utilizar la tercera persona plural impersonal cuando la identidad del agente es de menor importancia, o cuando todo el mundo sabe de quién se trata, sobre todo en la lengua hablada. El dibujo que aparece a continuación ejemplifica esta opción. La niña dice *He oído decir que te hacen muchas preguntas* porque supone que todo el mundo sabe quiénes hacen las preguntas en la escuela.

Peanuts: © United Feature Syndicate, Inc. Reproduced by permission.

Se, en su papel de sujeto impersonal, es portador de muy poca información. En contraste, un verbo conjugado en la tercera persona plural tiene el potencial de asociarse con un sujeto más informativo. Como resultado, las dos estructuras impersonales no son estrictamente iguales aunque se sustituyan informalmente.

También se puede utilizar el pronombre *uno* como un circunloquio impersonal. *Uno* no es totalmente impersonal, sin embargo, porque siempre implica la inclusión del hablante. No es lo mismo decir, por ejemplo, *Se sufre mucho en la guerra* que decir *Uno sufre mucho en la guerra*. En el primer caso, se plantea una afirmación absolutamente impersonal, mientras que en el segundo se entiende que el hablante conoce los sufrimientos de la guerra.

Uno se utiliza corrientemente como el sujeto impersonal de verbos conjugados con *se*, porque es imposible tener una secuencia de *se se*.

Uno se preocupa mucho cuando los hijos abandonan el hogar.
(*Se se preocupa mucho.)

En el lenguaje hablado, hay otro recurso que se parece al uso cuasi-impersonal de *uno*: la segunda persona singular no-referencial. El ejemplo anterior podría decirse de este modo:

Te preocupas mucho cuando los hijos abandonan el hogar.

Con esta frase, el hablante emplea la desinencia familiar no para referirse al oyente sino para hablar en términos generales. Como resultado, esto podría decirse a un oyente al que se trata de *Ud.* sin faltarle el respeto. En inglés también, se puede usar *you* de manera impersonal.

You *worry a lot when your children leave home.*

Ejercicio 6.8   Siguiendo estas pistas, escriba frases impersonales en español, empleando *se* u otro de los recursos gramaticales descritos en este capítulo.

a.   *You never know . . .*
b.   *They say that . . .*
c.   *You sometimes think that . . .*
d.   *When they raise prices . . .*
e.   *The more you try . . .*
f.   *You take the first street on the right . . .*
g.   *One hears rumors . . .*
h.   *You can always . . .*

La variación

El pronombre *se* tiene varios significados: puede ser un pronombre reflexivo, un pronombre pasivo/impersonal o el sustituto de *le/les*. También aparece en una muy amplia gama de contextos, tanto orales e informales como escritos y formales. Como resultado, hay mucha variación en cuanto a su uso, y diversas opiniones acerca de la aceptabilidad de ciertas estructuras. Aquí vamos a examinar sólo dos de estas cuestiones.

En algunas gramáticas se plantea un contraste entre la frase pasiva y la frase impersonal. Cuando el verbo es intransitivo, el pronombre *se* sólo puede referirse a un agente impersonal: *Aquí se está muy a gusto*. Pero, según algunos analistas, hay dos posibilidades cuando el verbo es transitivo.

Aquí se **venden** productos nacionales. (frase pasiva)

vs.

Aquí se **vende** productos nacionales. (frase impersonal)

En realidad, la diferencia entre estas dos frases no es de naturaleza semántica, ya que en los dos casos se está hablando de una situación verbal sin identificar al agente (en este caso, al vendedor); la diferencia es de naturaleza dialectal. En la mayoría de los dialectos, el verbo tiene que concordar con el sustantivo (*productos nacionales* → *venden*); en otros, con el pronombre *se*, que es singular por convención (*se* → *vende*). Para muchos nativohablantes, sólo es aceptable una u otra variante.

Desde arriba SE VEN los peces...

Desde abajo SE VE
al pescador

Ejercicio **6.9**   Entreviste a dos nativohablantes y pídales que traduzcan las siguientes frases al español usando el pronombre *se*. Luego, compare sus datos con los de sus compañeros de clase. ¿Cuál es la variante más común, con el verbo en singular o con el verbo en plural? ¿Hay hablantes que admitan las dos variantes? ¿Tiene algún efecto el orden de las palabras en la frase?

a.   *Shoes repaired here.*

b.   *Alcoholic beverages are sold at the bar.*

c.   *Various prizes were awarded during the ceremony.*

d.   *The stars are seen most clearly out in the country.*

e.   *The swear words weren't translated in the subtitles.*

f.   *The winners were announced on TV.*

Anteriormente se ha dicho que aunque la opción de identificar al agente en una frase preposicional no debe existir cuando *se* ocupa el lugar del agente, algunos hablantes admiten esta posibilidad. La existencia de este tipo de frase híbrida se debe a (por lo menos) dos factores. Primero, para muchos hablantes la frase pasiva y la impersonal son intercambiables debido a lo que tienen en común semánticamente. Y segundo, cuando la frase preposicional no es claramente agentiva, sino más bien circunstancial, la frase es aceptable:

La noticia se difundió por todos los medios de comunicación.

La aceptabilidad de este tipo de frase seguramente lleva a que sean aceptables otras frases superficialmente parecidas.

Ejercicio **6.10**   Pregunte a dos nativohablantes si las siguientes frases les parecen aceptables. Si dicen que no, pregúnteles cómo las dirían ellos. Luego, compare sus datos con los de sus compañeros.

a.   La ley se aprobó por el senado.

b.   El sustantivo se modifica por el adjetivo.

c.   El presidente se apoya por los ciudadanos más pobres.

d.   La obra se estrenó en 2000 por la orquesta nacional.

e.   La decision se tomó por todos los miembros del comité.

f.   El nuevo museo se financió por un consorcio.

Investigación

1.   En este capítulo —igual que en cualquier muestra de prosa moderna— el pronombre *se* aparece en muchas ocasiones. Vuelva a leer el apartado introductorio de este capítulo y fíjese en los usos del pronombre *se*. ¿Entiende en cada caso a qué se refiere y cómo funciona?

2.   El pronombre *se* aparece a menudo en el lenguaje hablado, desempeñando varias funciones gramaticales. Explique las funciones de *se* en el siguiente diálogo. Si el pronombre es reflexivo, identifique el antecedente.

(Una pareja está conversando a la hora de comer.)

LUPE: Mira esta alfombra —lo que aquí **se** necesita es un robot para recoger todas las migas.

PEPE: Déjalo, mujer. Oye, hoy he visto a Héctor —con muletas. **Se** rompió la pierna durante las vacaciones.

LUPE: ¡Pobrecito, con la ilusión que le hacía aprender a esquiar! Pero es torpe; siempre **se** hace daño. Dime, ¿todavía está saliendo con Marisa?

PEPE: No sé, no entiendo esa situación. No entiendo por qué siguen siendo novios, porque sólo **se** ven de vez en cuando.

LUPE: Pepe, ¿has pensado en lo del DVD? Ahora **se** venden muy baratos.

PEPE: Pero **se** dice que pronto va a haber un modelo más sofisticado. A lo mejor deberíamos esperar. El que tiene Mamá ya está superado, y lo compró hace sólo dos años.

LUPE: Ah, compré esa película que quería tu mamá, pero no **se** la voy a dar hasta Navidad.

3. Imagínese que Ud. es periodista y va a publicar un reportaje sobre un caso de corrupción política que ha investigado. Debido a las posibles repercusiones, no puede revelar la identidad de sus informantes. Con ese motivo, vuelva a escribir este borrador, sacando todo lo que identifique a los informantes. Puede emplear la voz pasiva con *ser*, el *se* impersonal o la tercera persona plural impersonal. No hace falta incluir toda la información; se trata de revelar sólo lo imprescindible.

> Me dijo el jefe de policía —que está a punto de jubilarse— que sólo la mitad de las multas cobradas por el departamento se quedaba allí. La otra mitad iba a parar en una cuenta bancaria en el Banco Central. Allí, hablé con mi prima Dolores, que es cajera, y me dejó ver la firma del titular. Se llamaba Lourdes Cabrera, y Dolores la había visto en numerosas ocasiones del brazo de Raúl Forqué, el hombre fuerte del barrio. Lourdes, que tiene un novio nuevo, me dijo que Raúl la hacía sacar el dinero a finales de mes y entregárselo. Un pobre heroinómano a quien le paso un poco de dinero de vez en cuando me había revelado que la droga es abundante a principios de mes. Puede ser que los ciudadanos multados ayuden a comprar la droga que está arrasando nuestra ciudad.

4. A continuación verá unos refranes que contienen el pronombre *se*. Hay que averiguar cuál es la función de *se* en cada caso, o —por decirlo de otra forma— qué hace el pronombre con respecto a la situación verbal. Luego, sugiera otra manera de expresar la misma idea.

    Ejemplo: Parientes y señor, sin ellos **se** está mejor.

    El verbo *estar* es de un participante sólo, y *se* desempeña el papel de ese participante. El refrán significa "Uno está mejor sin familiares ni jefe".

    a. En mal reino, leyes muchas y no **se** cumple ninguna.

    b. Hable bien el que sabe, y el que no, éche**se** la llave.

    c. Hay quien **se** ahoga en una taza de té.

    d. Pocas veces **se** yerra (errar) callando, y muchas hablando.

    e. Para rascar**se** andan los burros a buscar**se**.

    f. Apenas **se** pasa al bien sino por el mal.

    g. Ira de dos que **se** aman, en abrazos para.

Práctica oral

Trabaje con un compañero de clase y complete las frases oralmente de manera lógica.

a. En Ecuador (México, Paraguay, Guatemala, España) se habla(n) . . .

b. En el Museo Nacional de Antropología (El Prado, el Museo Picasso, el Museo Marítimo, el zoológico) se ve(n) . . .

c. En el supermercado (el mercado popular, la farmacia, la pastelería, la mercería) se vende(n) . . .

d. En Argentina (Cuba, Andalucía, Brasil, Polonia) se baila . . .

e. Se puede ir a . . . en avión (en bicicleta, en tren, en barco, caminando).

f. En el bar (en clase, en un concierto, en el parque, en casa) se suele . . .

g. Por 50¢ ($1, $10, $100, un millón de dólares) se puede comprar . . .

h. Se puede visitar La Alhambra (Machu Picchu, Chichén Itzá, las cataratas de Iguasú, la Isla de Pascua) en . . .

Lectura guiada

1. Lea *Nos han dado la tierra*, y verá que en este cuento se utiliza mucho la tercera persona plural impersonal. Este es un recurso muy común en el lenguaje oral, y aparece aquí porque el cuento se narra en la voz de un campesino. En el título, por ejemplo, no se sabe quién les dio la tierra a los campesinos, y esta referencia misteriosa reaparece varias veces: "Así nos han dado esta tierra", "Esta es la tierra que nos han dado" y al final "La tierra que nos han dado está allá arriba". También se utiliza mucho el *se* impersonal. De acuerdo con lo que se sabe sobre la problemática del campesino desposeído, ¿cómo se explican estas elecciones gramaticales?

2. Lea *El encargo*, y fíjese en el uso frecuente del pronombre *se*. El personaje principal, Teodoro, está solo durante casi todo el cuento, y muchas de sus acciones son reflexivas. Busque el siguiente trozo en el texto y compruebe que los pronombres señalados son reflexivos.

   En mitad del pasillo, **se** detuvo. **Se** apoyó contra la pared, bebió un largo trago. Permaneció así un tiempo, hasta que decidió sentar**se** en el suelo.

Luego, al final del cuento, se describe la recepción ofrecida al pregonero. Como no viene al caso identificar a los organizadores de la recepción, el tono de la descripción es impersonal. Localice el siguiente trozo y verifique que los pronombres *se* son impersonales.

> Las autoridades abandonaron la tribuna y entraron en el Ayuntamiento o Casa del Presidente, donde, en una espaciosa sala, **se** había preparado un almuerzo frío. **Se** descorcharon botellas de excelentes vinos y aquí y allá **se** formaron grupos en los que **se** desarrollaban animadas conversaciones.

Desde luego, los varios usos de *se* se mezclan en el cuento. En la siguiente frase, el pronombre *se* aparece tres veces, cumpliendo tres funciones distintas. ¿Cuáles son?

> Cuando **se** lo habían propuesto, **se** había sentido halagado: ser el primer literato a quien **se** le encargaba el pregón era una especie de honor.

La modificación

Capítulo **7**

El sustantivo, el artículo y el adjetivo

Para empezar

El sustantivo y el verbo son los elementos básicos de la frase, y en torno a cada uno de estos núcleos se agrupan otras palabras que dependen gramatical y semánticamente de ellos. El sustantivo es el núcleo de la **frase nominal**, y los otros elementos de la frase nominal lo modifican. Estos modificadores son los **adjetivos**.

La forma y la interpretación del adjetivo dependen del sustantivo. Compare, por ejemplo, las interpretaciones de la palabra *rojo* en las siguientes frases nominales:

el pelo **rojo**

la rosa **roja**

Lo que se entiende por *rojo* en el caso del pelo difiere bastante de lo que se entiende por *rojo* en el caso de la rosa. El adjetivo *rojo* proporciona información sobre el sustantivo, pero la interpretación de esta información la determina el sustantivo. Además, la terminación del adjetivo depende directamente de los rasgos morfológicos del sustantivo. Esta dependencia morfológica se llama **concordancia**.

Hay unos adjetivos que sirven para situar el sustantivo en el discurso. Estos adjetivos, que son relativamente pocos, son los **artículos** y los **demostrativos**, que juntos constituyen la clase de los **determinantes**. La otra función modificadora del adjetivo es la de describir el sustantivo.

115

Hay un sinfín de descripciones posibles; a diferencia de los artículos y los demostrativos, los adjetivos descriptivos no constituyen una clase cerrada. La lengua admite nuevas palabras para dar cuenta de nuevas realidades: no existía el adjetivo *estadounidense* antes de 1776, ni el adjetivo *telefónico* antes de 1876.

Ejercicio **7.1**   Lea el párrafo a continuación. Subraye las palabras que modifican directamente a los sustantivos en negrita. Luego, lea el párrafo sin las palabras subrayadas y observe qué tipo de información aportan los adjetivos.

> El 20 de febrero de 1943 prometía ser un **día** normal y corriente para Dionisio Pulido. Fue a su **terreno** en Paricutín para sembrar maíz. De repente, todo empezó a temblar y el suelo se abrió delante de él en una **grieta** profunda. El **campesino** mexicano abandonó el terreno en medio de una **lluvia** negra y espesa. La gente del pueblo había sentido el **movimiento** de la tierra, pero no creyeron al pobre **Dionisio** cuando contó lo de la enorme **grieta**. Cuando volvió al maizal, vio que se había levantado el **cono** de un nuevo **volcán** que iba a seguir arrojando lava durante nueve **años**.

Análisis

El género y el número

Al pronunciar el nombre de una entidad, se comunica —además del significado léxico de la palabra— información morfológica. La morfología nominal manifiesta dos propiedades: el género y el número. Estas características morfológicas aparecen también en los adjetivos, y esta repetición sirve para ligar los sustantivos con sus modificadores.

Todos los sustantivos en español tienen **género**, es decir, llevan la marca del grupo llamado "masculino" o del grupo llamado "femenino". Estas palabras van entre comillas porque, aunque muchos sustantivos que nombran personas o animales se clasifican según su género biológico, la mayoría de los sustantivos nombran entidades que no son biológicamente ni masculinas ni femeninas. En estos casos el género es un recurso puramente gramatical.

Hay ciertos patrones que ayudan a clasificar las palabras en masculinas y femeninas. Por ejemplo, hay una correlación entre la terminación *-o* y la categoría masculina, y la terminación *-a* y la femenina, pero ni siquiera todas las palabras que se refieren a seres humanos siguen esta norma.

Mi prima Rosa es **modelo** y trabaja en Nueva York.

Picasso y Botero son **artistas** muy cotizados.

La *-o* de *modelo* y la *-a* de *artista* son invariables, sea quien sea la persona en cuestión. También sabemos que todas las palabras que terminan en *-dad* y *-ción* son femeninas y la mayoría de las palabras que terminan en *-r* son masculinas. En todo caso, la organización de la morfología responde a factores históricos y analógicos y no es siempre transparente.

Al clasificar todos los sustantivos en masculinos y femeninos, quedan varios pares de sustantivos que se diferencian sólo por el género:

la parte   Dame la parte más pequeña, por favor.

vs.

el parte   El hospital hizo público el parte médico sobre el estado de la víctima.

No hay una única palabra *parte* que admita los dos géneros, sino que existen dos palabras distintas: *la parte* y *el parte*. Evidentemente, el género es inseparable del significado de la palabra. En otras palabras, lo que corresponde a *milk* en español es *la leche,* y no *leche* a secas. Los artículos *el* y *la* son clíticos, o sea que no se acentúan, lo que constituye la expresión fonética de su dependencia del sustantivo.

Ejercicio **7.2**   Las siguientes palabras se diferencian únicamente por el género. Escriba una frase con cada palabra. Si no conoce algún significado, búsquelo en el diccionario.

a. el capital *vs.* la capital

b. el cava *vs.* la cava

c. el coma *vs.* la coma

d. el corte *vs.* la corte

e. el frente *vs.* la frente

f. el mañana *vs.* la mañana

g. el orden *vs.* la orden

h. el pendiente *vs.* la pendiente

CALVIN AND HOBBES © 1994 **Watterson**. Dist. By UNIVERSAL PRESS SYNDICATE. Reprinted with permission. All rights reserved. Reproduced by permission.

El continuo cambio de la lengua ha producido y sigue produciendo alteraciones en el sistema del género. La palabra *mar,* por ejemplo, ha cambiado de clasificación con el paso del tiempo. Antes se decía *la mar,* tal como se puede comprobar al leer una de las coplas de Jorge Manrique (siglo XV): *Nuestras vidas son los ríos / que van a dar en la mar, / qu'es el morir.* Aunque se dice *el mar* en la lengua moderna, el léxico marítimo retiene algunas frases que revelan el género antiguo: *en alta mar, hacerse a la mar, mar gruesa,* etcétera. El viaje de la lengua a otro continente también ha producido cambios. Por ejemplo, la palabra *sartén* es femenina en España, *la sartén,* pero masculina en muchos dialectos americanos, *el sartén.*

El cambio lingüístico acompaña siempre al cambio social. Suele decirse que la forma masculina comprende los dos géneros; *mis hermanos,* por ejemplo, puede referirse a hombres y mujeres o sólo a hombres, mientras que *mis hermanas* se refiere exclusivamente a mujeres. Sin embargo, frases como *ciudadanos y ciudadanas,* o *amigos y amigas* son cada día más frecuentes en el discurso público. En cuanto a los nombres de las profesiones, el uso del título masculino está cambiando con la integración de la mujer al cuerpo laboral. Mientras que antes se utilizaba el artículo femenino con el sustantivo masculino, por ejemplo *la médico,* hoy en día mucha gente utiliza la variante femenina de la palabra: *la médica.* La aceptación de estos títulos femeninos responde a opiniones extralingüísticas, y hay mucha diversidad de opinion al respecto.

La otra categoría gramatical relacionada con los sustantivos es el **número**. El número no es tan arbitrario como el género porque por lo general corresponde a una realidad objetiva. Sin embargo, las convenciones que gobiernan la elección del singular o el plural varían de una lengua a otra. En español, las palabras *espinacas, espaguetis* y *vacaciones,* por ejemplo, suelen emplearse en su forma plural. Estos usos tienen su lógica —no se come tan sólo una hoja de espinaca ni un solo espagueti, y las vacaciones duran más de un día— pero es convencional en inglés el uso del singular de los sustantivos equivalentes. En cambio, en inglés se usa la forma plural de *clothes* mientras que en español se habla de *la ropa* en singular.

Ejercicio **7.3** Los siguientes sustantivos suelen utilizarse en plural. ¿Corresponden a una forma plural en inglés? Escriba una frase para cada palabra.

a. gafas
b. tijeras
c. matemáticas
d. elecciones
e. finanzas
f. espárragos
g. lavaplatos
h. afueras

Morfológicamente, el singular es la forma básica, y el plural se deriva del singular. La generalización es que se le agrega *-s* al singular de los sustantivos que terminan en vocal (*libro* → *libros*) y *-es* al singular de los sustantivos acabados en consonante (*cartel* → *carteles*). Desde luego, no todos los sustantivos que terminan en *-s* son plurales; por ejemplo, *crisis* y *lunes* son singulares o plurales según el contexto, y *tos* y *mes* son formas del singular. Y los apellidos no se pluralizan: se habla de *los García* y *los Méndez*.

Los artículos

Los artículos son modificadores que sirven para situar el sustantivo en el discurso. **El artículo definido se utiliza para marcar las entidades que ya están presentes en el discurso** (recuerde el concepto de información conocida introducido en el Capítulo Preliminar). Una entidad puede estar presente en el discurso de diversas maneras. Consideremos una situación sencilla:

Aquí la sal forma parte del contexto del discurso porque se ve y se puede identificar aunque no la haya mencionado nadie.

Las personas que comparten un entorno comparten también mucha información, y por eso el hablante tiene ciertas expectativas de lo que saben sus interlocutores. En la siguiente frase, por ejemplo, se utiliza el artículo definido porque se da por descontado que el oyente sabe quién es el presidente.

El presidente va a Australia en un viaje oficial.

También hay muchas entidades que forman parte de la experiencia universal. Los sustantivos genéricos dan nombre a las entidades conocidas por todos los hablantes, y por esta razón llevan el artículo definido en español. El hablante que pronuncia la siguiente frase supone que el oyente ya está familiarizado con las palabras *paz* y *guerra*.

Prefiero **la** paz a **la** guerra.

Estos sustantivos llevan el artículo definido porque forman parte del discurso, en el sentido más amplio y social de la palabra.

Ejercicio **7.4**   Comente con un compañero de clase el por qué del uso del artículo definido en este texto.

El agua

La vida en la Tierra apareció, probablemente, en el mar. Todos los seres vivos, desde los microbios hasta los humanos, viven en el agua o la contienen en su interior, de modo que la totalidad de las reacciones químicas que tienen lugar en las células se lleva a cabo en un medio líquido. El agua líquida es un compuesto extraordinario, que tiene unas propiedades únicas. Por ejemplo, es la sustancia de mayor calor específico. Esto significa que cuando se aporta o se roba calor a una masa de agua, la temperatura varía más despacio que en cualquier otro líquido.

Desde luego, hay muchas entidades que no están presentes en el contexto, ni siquiera cuando el contexto se entiende en el sentido más amplio. **Aparte de funcionar como el número uno, el artículo indefinido se emplea para señalar una entidad que no está previamente definida.** Recuerde que el verbo presentativo *haber* suele aparecer con sustantivos introducidos por el artículo indefinido o con sustantivos sin artículo (véase el Capítulo 3). Esto se debe a que una nueva entidad en el discurso suele ser también desconocida.

Comparemos tres posibles respuestas a una pregunta sencilla:

LUISA: Voy a comprar. ¿Necesitas algo?
MARTA: a. Pues sí. ¿Me traes el pan?
        b. Pues sí. ¿Me traes un pan?
        c. Pues sí. ¿Me traes pan?

Para entender la respuesta (a), hay que conocer el contexto en que viven Marta y Luisa porque al contrario no se puede saber a qué se refiere *el pan*, que podría ser una barra larga, un pan integral redondo, etcétera. Si Marta contesta (a), será porque cree que Luisa está enterada de lo que se suele comprar. Al contestar (b), Marta comunica que quiere una unidad de pan; no especifica el tipo de pan, pero sí especifica la cantidad. En la respuesta (c), Marta pide cualquier manifestación de la entidad que se llama *pan*. Para cumplir, Luisa sólo tiene que comprar algo de pan. **Cuando no aparece ningún artículo, el sustantivo se entiende en su sentido partitivo**, o sea, como alguna manifestación (parte) de todas las que llevan ese nombre.

La interpretación partitiva de los sustantivos no contables difiere de la de los contables. Cuando no hay ningún artículo, lo que se entiende por partitivo varía según el contexto:

¿Hay sal?
    Sí, un salero. (en la cocina)
    Sí, una caja. (en el supermercado)
    Sí, una tonelada. (en la fábrica)

No se suele emplear el artículo indefinido, el número uno, con los sustantivos no-contables a no ser que se quiera contrastar una clase de la entidad con otra.

En la tienda macrobiótica, dicen que **la** sal marina es **una** sal muy sana.

Cuando el artículo indefinido se entiende como el número uno, el plural de *un/una* es una cantidad mayor: *dos, tres, cuatro*, etcétera. A veces la manifestación prototípica de un sustantivo es precisamente una unidad; en estos casos la presencia del artículo indefinido viene a ser redundante, y es corriente suprimirlo (mientras que en inglés tiene que estar presente).

Tengo carro. = *I have a car.*

Mi padre es médico. = *My father is a doctor.*

El plural de *un/una* es *unos/unas* cuando el artículo se entiende como el marcador de una entidad no-específica.

Había empezado a leer la novela **unos** días antes. (Cortázar)

En inglés, estas dos funciones del artículo indefinido corresponden a dos palabras: *a/an* y *one*.

Ejercicio **7.5**   Lea el párrafo siguiente y explique la presencia o ausencia —señalada por **(-)**— del artículo en los contextos indicados.

> Ayer tuve **un** examen difícil. Nuestro profesor de **(-)** lengua y literatura inglesas nos puso tres preguntas largas, y tuvimos que contestar una. **El** examen se basaba en seis obras románticas. Fui a **la** biblioteca **la** semana pasada para sacarlas, pero no estaban. No tengo **(-)** dinero para comprarme **(-)** libros caros, así que compré los cuatro más baratos y me los leí rápido. Para las otras dos obras, tenía **unos** apuntes completísimos y por eso no estaba preocupado. Pero al leer **las** preguntas, me di cuenta de que era imposible contestar bien cualquiera de **las** tres sin haber leído todos **los** textos originales.

Al depender morfológicamente del núcleo de la frase nominal, el artículo concuerda con el sustantivo en género y número. No obstante, con una reducida clase de palabras, la concordancia parece anómala. Cuando una palabra femenina singular empieza con la vocal tónica *a* (la tilde no tiene que estar presente ortográficamente, y la *h* no tiene valor fonético), aparece con *un/el* y no *una/la*.

El agua líquida es un compuesto extraordinario.

De repente apareció **un** hada buena con una vara mágica.

pero

La astronomía moderna es fascinante.

La primera *a* de *astronomía* es átona, así que no hay por qué usar el artículo *el*. Históricamente este tipo de concordancia se desarrolló para evitar la confluencia de dos vocales iguales, pero no se extendió a todos los modificadores y sólo afecta a los artículos y los adjetivos cuantitivos *algún* y *ningún*.

Ejercicio **7.6**   Escriba una frase con cada una de las siguientes palabras, usando las frases anteriores con *agua* y *hada* como modelos. Como estas palabras son femeninas, habrá que usar el artículo masculino pero un adjetivo femenino.

a. águila

b. alma

c. ama de casa

d. área

e. arma

f. aula

g. habla

h. hambre

Los demostrativos

Otra manera de identificar una entidad ya presente en el discurso es la de relacionarla con el espacio que rodea al hablante. Recuerde el sistema deíctico que divide las situaciones verbales en tres clases: lo que hace el hablante (primera persona), lo que hace su interlocutor (segunda persona) y todo lo demás (tercera persona). Los adjetivos demostrativos también constituyen un sistema deíctico; el espacio está dividido entre lo que está cerca del hablante, lo que está cerca de su interlocutor y lo que está lejos de los dos.

Orientación	Demostrativo	Pronombre neutro
1ª persona	este, esta, estos, estas	esto
2ª persona	ese, esa, esos, esas	eso
3ª persona	aquel, aquella, aquellos, aquellas	aquello

Cabe notar aquí que la denominación *neutro* no señala la existencia de un tercer género. Las formas neutras se utilizan para hacer referencia a un antecedente que, por constar de toda una frase o cláusula en lugar de un sustantivo, no puede clasificarse como masculino o femenino.

Pablo hablaba sin pensar, y **esto** [= hablar sin pensar] hizo que lo tacharan de tonto.

En la práctica, muchos hablantes usan sólo una división binaria, separando lo que les está cerca (*este*) de todo lo otro (*ese*), pero siempre pueden indicar tres niveles de distanciamiento si lo requiere el contexto. El distanciamiento puede ser físico, temporal o metafórico.

JULIA: **Esta** semana será horrible. Tengo un examen de matemáticas.
RAMÓN: **Esa** clase te está amargando la vida. ¿Quiere decir **eso** que no podrás acompañarnos al cine **este** fin de semana?
JULIA: No, **eso** no. ¿Cuántas veces les he fallado?
RAMÓN: Pues, **aquella** vez que tuviste otro examen de matemáticas.

El español explota este sistema deíctico para hacer referencia a los sustantivos en un texto escrito. En el siguiente párrafo de *Águeda*, fíjese en el pronombre *ésta*. (La tilde sirve para diferenciar los pronombres demostrativos de los adjetivos demostrativos. Esta práctica ortográfica ya no es obligatoria según la Real Academia Española, pero sigue utilizándose con frecuencia. En todo caso, cuando se escribió este texto, el uso de la tilde en los pronombres demostrativos era obligatorio.)

De los tres dominados de la familia, Matilde, la otra hermana, protestaba; el padre se refugiaba en sus colecciones, y Águeda sufría y se resignaba. No entraba **ésta** nunca en las combinaciones de sus dos mayores hermanas que con su madre iban, en cambio, a todas partes.

Ésta se refiere a Águeda, que es el sustantivo más cercano. Para hacer referencia al sustantivo más lejano, se usa *ése* o *aquél*, según el dialecto:

Tenían dos hijas, Trinidad y Encarnación. Mientras que **ésta** [Encarnación] era muy estudiosa, **ésa/aquélla** [Trinidad] era frívola.

Los adjetivos descriptivos y el contraste

Los determinantes representan sólo una pequeña parte de la información que se puede agregar al significado de un sustantivo. Hay un sinfín de adjetivos que se emplean para describir a los sustantivos, y a diferencia de los determinantes, los adjetivos descriptivos pueden aparecer en dos sitios con respecto al sustantivo. Para dar cuenta de la colocación de los adjetivos, hay que entender dos conceptos: la **descripción contrastiva** y la **descripción no-contrastiva**. La descripción de una entidad es contrastiva si permite que la entidad descrita se compare con otras. **Cuando el adjetivo es contrastivo, sigue al sustantivo que modifica.**

La bicicleta **roja** está delante de mi moto.

implicación: Hay más de una bicicleta.

Esta función contrastiva no es incompatible con la idea de una entidad única, siempre que haya varias condiciones de esa entidad. Por ejemplo, podemos hablar de *un sol naciente* o *un sol magnífico* porque diferenciamos varias condiciones del mismo sol. Ya que en general los sustantivos se describen para diferenciarlos de otros, resulta que la mayoría de los adjetivos siguen al sustantivo.

Ejercicio **7.7**   ¿Cuáles son los contrastes implicados en el siguiente texto? (Hemos visto este párrafo al estudiar los artículos.)

> Ayer tuve un **examen difícil**. Nuestro profesor de **lengua y literatura inglesas** nos puso tres **preguntas largas**, y tuvimos que contestar una. El examen se basaba en seis **obras románticas**. Fui a la biblioteca la **semana pasada** para sacarlas, pero no estaban. No tengo dinero para comprarme **libros caros**, así que compré los cuatro más baratos y me los leí rápido. Para las otras dos obras, tenía unos **apuntes completísimos** y por eso no estaba muy preocupado. Pero al leer las preguntas, me di cuenta de que era imposible contestar bien cualquiera de las tres sin haber leído todos los **textos originales**.

A veces el hablante simplemente quiere comunicar información sobre un sustantivo sin que esta información sirva para diferenciarlo de otros. Comparemos estas dos frases:

Su estudio **pequeño** está en el segundo piso.

vs.

Su **pequeño** estudio está en el segundo piso.

Cuando el adjetivo sigue al sustantivo (*su estudio pequeño*), tiene una función contrastiva, por lo que se infiere que hay más de un estudio. En cambio, cuando antecede al sustantivo (*su pequeño estudio*), esta inferencia no puede hacerse. En algunas gramáticas se dice que la anteposición del adjetivo es un recurso poético o literario. Es cierto que la anteposición del adjetivo es menos común que la posposición, pero no hay que ser poeta para hablar de *la dulce miel* o *el buen café*; todos los hispanohablantes manipulan el contraste entre la descripción contrastiva y la no-contrastiva.

La anteposición del adjetivo también permite hablar de las cualidades necesariamente no-distintivas de las entidades únicas. Por ejemplo, tenemos sólo un padre, así que hablamos de *mi querido padre* y no *mi padre querido* (que sugiere la existencia de más de un progenitor).

Forges. Cedidos los derechos de reproducción. Reproduced by permission.

Ejercicio **7.8**   Lea la descripción del contexto y luego decida si se debe anteponer o posponer el adjetivo.

   a.   Su vecino acaba de comprar un coche. Ud. va a su casa para verlo y encuentra allí dos coches parecidos. Le pregunta —¿Cuál es el nuevo coche / el coche nuevo?

   b.   Ud. está hablando con su jefe y quiere referirse a un encuentro anterior con la esposa de él. Le dice —Esta mañana tuve el placer de conversar con su encantadora esposa / su esposa encantadora.

   c.   Después de leer *Cien años de soledad*, Ud. le dice entusiasmado a un amigo —Es una verdadera obra maestra / una obra maestra verdadera.

   d.   Ud. desea comprar un cuadro en una feria de arte. Le pregunta al artista —¿Cuánto es el alargado cuadro / el cuadro alargado?

   e.   Ud. está ayudando a su hermanito a hacer los deberes, y el chico comete el mismo error varias veces. Ud. le dice —No repitas ese estúpido error / ese error estúpido.

   f.   En el noticiero el locutor dice —El Vaticano ha comunicado que el Santo Padre / el Padre Santo va a intervenir en el conflicto.

La descripción y las frases preposicionales

En inglés el sustantivo puede funcionar como adjetivo sin ninguna modificación morfológica; sólo tiene que colocarse delante del sustantivo modificado: *spring jacket, winter coat*. En español las combinaciones de sustantivo + sustantivo son cada día más comunes (*años luz, factor clave, programa marco,* etcétera), pero lo más normal es emplear una preposición para subordinar un sustantivo a otro: *chaqueta de primavera, abrigo de invierno*. Estas frases preposicionales, entonces, funcionan como adjetivos. (Veremos en el Capítulo 10 que las preposiciones dan nombre a las relaciones.) Desde luego, hay adjetivos que significan lo mismo que una frase preposicional: *un queso francés* viene a ser lo mismo que *un queso de Francia*.

Ejercicio **7.9**   A continuación hay una serie de expresiones en que se relacionan dos entidades por medio de una preposición. Según el contexto, se puede modificar cualquiera de las dos entidades:

   una falta de coordinación lamentable
          └──────────────────────┘

   vs.

   una falta de coordinación administrativa
              └──────────────────────┘

(Según el contexto, se podría decir también *una lamentable falta de coordinación*.)

Escriba una frase completa para cada una de las siguientes frases nominales, y elija la forma del adjetivo y su colocación de acuerdo con el significado que le haya atribuido.

a. el Instituto de la Mujer ‹cubano›

b. un traje de luces ‹vistoso›

c. el vestido de boda ‹magnífico›

d. una residencia de niños ‹minusválido›

e. la línea del metro ‹nuevo›

f. el departamento de idiomas ‹asiático›

g. un templo de piedra ‹arruinado›

h. una colección de cuadros ‹renacentista›

Los adjetivos posesivos

Igual que todos los adjetivos, los posesivos concuerdan morfológicamente con los sustantivos que modifican. Todas las formas antepuestas, menos *nuestro,-a(s)* y *vuestro,-a(s)*, expresan solo número y no género.

POSESIVOS ANTEPUESTOS

1ª sg.	1ª pl.	2ª sg.	2ª pl.	3ª sg.	3ª pl.
mi(s)	nuestro,-a(s)	tu(s)	vuestro,-a(s)	su(s)	su(s)
		su(s)	su(s)		

La mayoría de las formas antepuestas son unisilábicas y átonas, y no expresan género, mientras que todas las formas pospuestas son bisilábicas, son tónicas y expresan género: *mi(s)* versus *mío,-a(s)*, *tu(s)* versus *tuyo,-a(s)*, *su(s)* versus *suyo,-a(s)*.

POSESIVOS POSPUESTOS

1ª sg.	1ª pl.	2ª sg.	2ª pl.	3ª sg.	3ª pl.
mío,-a(s)	nuestro,-a(s)	tuyo,-a(s)	vuestro,-a(s)	suyo,-a(s)	suyo,-a(s)
		suyo,-a(s)	suyo,-a(s)		

De acuerdo con lo que se ha dicho sobre la colocación del adjetivo, los posesivos antepuestos no son contrastivos, mientras que las formas pospuestas sirven para contrastar un sustantivo poseído con otro. Las formas pospuestas también pueden nominalizarse (véase el próximo apartado).

> **Aris:** ¡Oye! No te lleves **mis** llaves.
> **Juan:** Estas llaves no son **tuyas**; son **mías**.
> **Aris:** Ah, es verdad, **las mías** están aquí.

Es lógico que las formas pospuestas sean tónicas y tengan formas masculinas y femeninas, ya que estas cualidades facilitan su funcionamiento contrastivo.

La nominalización del adjetivo

En español el adjetivo descriptivo puede convertirse fácilmente en sustantivo. Si se sabe por el contexto cuál es el sustantivo, éste puede suprimirse, dejando el artículo o el demostrativo delante del adjetivo nominalizado: *el vestido rojo* → *el rojo*. (Hay una excepción a esta generalización: la nominalización de *un vestido rojo* es *uno rojo* y no **un rojo*.)

> **Paula:** ¿Cuál de los vestidos prefieres?
> **Luis:** A mí me gusta **el rojo**.
> **Paula:** Pero no tengo zapatos . . .
> **Luis:** ¿Por qué no puedes llevar **los negros** que tienes puestos?
> **Paula:** ¡Porque están estropeados! Bueno, creo que mi presupuesto me da para **unos nuevos**.

Los adjetivos pueden nominalizarse en inglés también, pero el proceso requiere el uso del sustantivo *one: the red one, the black ones, some new ones.*

Ejercicio **7.10** Traduzca estas frases al español. Para convertir un adjetivo demostrativo en sustantivo, sólo hay que agregarle una tilde. Para nominalizar un adjetivo descriptivo o posesivo, use el correspondiente artículo.

a. *I don't want this one. Give me that one.*
b. *Old houses are often better built than new ones.*
c. *John is usually the last one to arrive.*
d. *I like strawberries, but I don't like the really big ones.*
e. *My car is in the shop. Can I use yours?*
f. *I like this phone—I don't want a fancy one.*
g. *We have lots of big envelopes, but we need some small ones.*
h. *My husband's car is Japanese, but mine is German.*

La coordinación y la modificación

La frase nominal que hemos considerado hasta ahora ha incluido sólo un determinante y un adjetivo descriptivo, que puede ser contrastivo o no. Pero una sola entidad puede ser modificada por varios adjetivos.

> Todos levantamos la cara y miramos una nube **negra y pesada . . .** (Rulfo)

Además, un mismo sustantivo puede ser modificado por un adjetivo contrastivo y otro no-contrastivo a la vez.

> . . . tratando de salir lo más pronto posible de este **blanco** terregal **endurecido . . .** (Rulfo)

La coordinación de varios sustantivos, en cambio, presenta más complicación porque hay más de un núcleo posible. Para que un solo determinante modifique a dos sustantivos, la conexión entre ellos tiene que ser muy íntima. En la siguiente frase, *sal y pimienta* puede concebirse como una unidad.

> ¿Me pasas **la sal y pimienta**, por favor?

Por otra parte, se repite el determinante en una serie de sustantivos si éstos no se consideran una unidad.

> . . . **el contenido** y **la forma** de su intervención . . . (Puértolas)

> Su memoria retenía sin esfuerzo **los nombres** y **las imágenes** de los protagonistas. (Cortázar)

Desde luego, un solo adjetivo puede describir varios sustantivos.

> Tiene muchos artículos y reseñas **publicados** en alemán.

En esta frase la gramática prescriptiva exige el uso del género masculino en el adjetivo porque los géneros mixtos son masculinos por convención. En el lenguaje oral, sin embargo, se oyen frases como las siguientes.

> Tiene muchos artículos y reseñas **publicadas** en alemán.

> Esa **carísima** camisa y pantalones le habrá costado una fortuna.

Cuando el hablante está abrumado por la rapidez del habla, hará que el adjetivo concuerde con el sustantivo más cercano.

La variación

Cuando aprendemos el español como segunda lengua, nos parece que los nativohablantes manipulan el género y el número con absoluta confianza, sin dudar nunca. Y, hasta cierto punto, así es. Pero hay pequeñas categorías de palabras que hacen dudar a algunos hablantes, y de aquí surge la variación. Para hacerse una idea de esta variación, haga los siguientes ejercicios.

Ejercicio **7.11**   Piense en el título *Ms.* en inglés, aceptado por algunas personas y rechazado por otras. Actualmente, pasa algo parecido en español con las variantes masculinas y femeninas de los nombres de profesiones. Pregúntele a un hispanohablante (no se olvide de averiguar su país de origen) cuál es la forma femenina de estas palabras masculinas, y viceversa. Si su informante rechaza alguna palabra, pregúntele cómo se refiere a la mujer o al hombre que ejerce esa profesión. A continuación, compare la información que ha recogido con la de sus compañeros. ¿Qué generalizaciones pueden hacer sobre los resultados?

Las palabras: el abogado   la azafata

el bombero   la enfermera

el juez   la maestra

el médico   la operadora

el policía   la secretaria

Ejercicio **7.12**   Las pocas —y por consiguiente excepcionales— palabras que terminan en vocal tónica presentan varios contraejemplos a la generalización de que las palabras acabadas en vocal se pluralizan con -*s*. Entreviste a un hispanohablante sobre la forma plural de las siguientes palabras acabadas en vocal tónica, y anote el país de origen de su informante. Pregúntele sólo por el plural; no pida que se le explique el por qué de la elección. En clase compare la información que ha obtenido con la que han obtenido sus compañeros. ¿Qué palabras se pluralizan con -*s*? ¿Y con -*es*? ¿Qué generalizaciones pueden hacerse sobre los resultados?

Las palabras: papá, rajá, sofá

bebé, café, carné

esquí, iraní, rubí

bongó, buró, dominó

hindú, menú, tabú

Investigación

1. Debido a la relación entre el contraste y la colocación del adjetivo, algunos adjetivos de uso frecuente han adquerido unos matices semánticos que se asocian con una colocación u otra. Comparen estas dos frases:

   El **pobre** hombre tiene que trabajar día y noche.

   vs.

   El estudiante **pobre** lo pasa mal porque la matrícula es cara.

   En la primera frase, *pobre* expresa un sentido de lástima por parte del hablante mientras que en la segunda se refiere a la situación económica del estudiante. Como siempre, el adjetivo pospuesto puede ser contrastivo. Basándose en el contexto, explique qué significan los siguientes adjetivos:

   Por ser un **alto** ejecutivo, la compañía le paga un salario espléndido.

   vs.

   El jefe quería que todos los empleados **altos** jugaran en el equipo de baloncesto.

   Había **cierta** intransigencia por parte del director.

   vs.

   Será difícil averiguar la versión **cierta** de los hechos.

   La **misma** gente de la que compraste el aparato te lo arreglará.

   vs.

   Antes había que contratar a otros, pero ahora la compañía **misma** te lo viene a instalar.

   José era el **único** hijo que seguía en la empresa familiar.

   vs.

   Dicen que los hijos **únicos** suelen ser egoístas.

2. Tal como se ha explicado en este capítulo, el uso de un sustantivo como modificador de otro no es el patrón más común en español. Sin embargo, la lista de estas estructuras es cada día más larga. ¿Qué significan las siguientes combinaciones de sustantivo + sustantivo, y cómo se pluralizan?

> amigo actor / dentista / maestro / médico
>
> café café / hombre hombre / pan pan / vino vino
>
> color café / naranja / rosa
>
> fecha / situación límite
>
> hombre lobo / murciélago / rana
>
> idea / palabra / problema clave
>
> mujer policía / soldado
>
> perro guardián / guía / lobo / mapache

Práctica oral

Haga este ejercicio oralmente con un compañero de clase. Para cada sustantivo, elija un adjetivo apropiado. Cualquier adjetivo que concuerde con el sustantivo y que tenga sentido en el contexto es válido.

Ejemplo: Cuando pienso en **el mar**, me **lo** imagino **plateado**. (tranquilo, ondulado, tempestuoso . . .)

1. Cuando pienso en los niños, . . .

2. Cuando pienso en el agua, . . .

3. Cuando pienso en la música, . . .

4. Cuando pienso en mi abuelo, . . .

5. Cuando pienso en el chocolate, . . .

6. Cuando pienso en la poesía, . . .

7. Cuando pienso en las flores, . . .

8. Cuando pienso en la muerte, . . .

Lectura guiada

1. Lea *La enemiga* y después considere lo siguiente:

   a. Aunque no se identifica al narrador por su nombre, se sabe que es el hermano —y no la hermana— de Esther. Localice las palabras que le indican esto al lector.

   b. En la frase siguiente, ¿cuáles son las implicaciones del uso de *aquel*? Piense en lo que opina el chico sobre la muñeca.

      Yo me asomé por encima de su hombro y observé cómo iba surgiendo de los papeles arrugados **aquel** adefesio ridículo vestido con un trajecito azul que le dejaba al aire una buena parte de las piernas y los brazos de goma.

   c. Encuentre estas frases en el cuento y explique por qué el autor coloca los adjetivos delante del sustantivo:

      . . . en el centro de la cara tenía una **estúpida** sonrisa petrificada que odié desde el primer momento.

      . . . y de tres **violentos** martillazos le pulvericé la cabeza.

      . . . descubrí en su actitud un **sospechoso** interés por el **nuevo** juguete . . .

2. En *Ella no se fijaba,* hay muchos adjetivos descriptivos, y muchos de ellos siguen al sustantivo que modifican, tal como se esperaría, pero también hay algunos que se encuentran delante del sustantivo. Encuentre las frases siguientes en el texto y explique la colocación del adjetivo:

   posposición:

      . . . y se compró un bigote **postizo** y unas gafas.

      . . . produciendo un aliento **frío** que le rozó el cuello.

      En la radio sonaba una canción **antigua**.

   anteposición:

      . . . la sorpresa que habría de producir su **nuevo** rostro.

      . . . y contemplándola desde **diferentes** lugares.

      . . . le proporcionaba un **notable** alivio tanto en el plano físico como en el intelectual.

Las cláusulas relativas

Para empezar

Hemos visto cómo se usan los artículos y los adjetivos para modificar a los sustantivos. Las posibilidades descriptivas de estas palabras son muy amplias, pero no son infinitas; no siempre existe un adjetivo que corresponda a la cualidad de una entidad que se quiere comentar. A veces, el hablante quiere describir una entidad en función de su participación en una situación verbal.

Considere el siguiente dibujo:

Supongamos que el hablante quiere comunicar que uno de estos niños es su vecino, y decide describirlo a base de lo que está haciendo. Este tipo de información no puede expresarse mediante un adjetivo, pero sí puede expresarse mediante una cláusula con función adjetiva: *El niño que se está columpiando es mi vecino.*

Las *cláusulas relativas* **facilitan la descripción de las entidades a partir de su participación en las situaciones verbales.** Para que haya una cláusula relativa, tiene que haber dos situaciones verbales y éstas tienen que tener una entidad en común. En nuestro ejemplo, se puede relacionar *el niño es mi vecino* con *el niño se está columpiando* porque *el niño* participa en las dos situaciones.

La cláusula relativa, además de su función modificadora, sirve para eliminar **la redundancia,** o sea, la repetición. Puesto que la redundancia ayuda al oyente a comprender el mensaje del hablante, sólo se puede prescindir de ella bajo ciertas circunstancias. Se tiende a minimizar la redundancia en el lenguaje escrito (porque lo escrito puede consultarse más de una vez) y en el lenguaje formal (porque se supone que el oyente está más atento en situaciones formales). Por consiguiente, la cláusula relativa se encuentra más en el lenguaje escrito y formal que en el lenguaje hablado e informal. A continuación, veremos que la elección del pronombre relativo depende hasta cierto punto de la formalidad o informalidad del contexto comunicativo.

Ejercicio **8.1**   Lea el párrafo a continuación y tradúzcalo al inglés. Cada frase contiene una cláusula relativa. Verá que tanto el texto en español como su traducción al inglés tienen un tono formal.

> El champán, que se reserva aquí para las grandes fiestas, es un vino muy popular en el sur de Europa. En España, que es el primer país hispano en la producción del champán, el vino espumoso se llama cava, y no champán. Sólo los franceses tienen el derecho de utilizar esta designación, que se refiere, por supuesto, a la región de Champagne. Las grandes compañías francesas y españolas, que son las más importantes del mundo, ahora se han establecido en California. Se han dado cuenta de la gran promesa de esas tierras vinícolas, que desde hace tiempo producen unos vinos respetables. Esperan que los norteamericanos, que son un pueblo de poca tradición champañera, incrementen su consumo. Además, al hacer el champán en Estados Unidos, esperan controlar los precios, que siempre han fluctuado con el cambio de moneda. Pero de todos modos, el producto seguirá caro en Estados Unidos debido a los impuestos que cobra el gobierno sobre las bebidas alcohólicas.

Análisis

La estructura de las cláusulas relativas

La cláusula relativa es una cláusula de la cual se ha sacado el sustantivo que se va a modificar. Tomemos como ejemplo la primera frase del Ejercicio 8.1: *El champán, que se reserva aquí para las grandes fiestas, es un vino muy popular en el sur de Europa.* *Champán* es el sustantivo modificado, y es también el sustantivo que se ha sacado de la cláusula modificadora. Se han fusionado dos frases, subordinando la segunda a la primera.

El champán es un vino muy popular en el sur de Europa +
El champán se reserva aquí para las grandes fiestas
→ El champán, que se reserva aquí para las grandes fiestas, es un vino muy popular en el sur de Europa.

Antes de describir una entidad por medio de una situación verbal, el hablante tiene que decidir cuál de las dos situaciones en las que participa la entidad será la idea principal y cuál será la idea subordinada. Las siguientes frases son igualmente gramaticales.

El champán, que se reserva aquí para las grandes fiestas, es un vino muy popular en el sur de Europa.

o

El champán, que es un vino muy popular en el sur de Europa, se reserva aquí para las grandes fiestas.

En un caso se ha subordinado la oración *El champán se reserva aquí . . .* , y en el otro caso la oración *El champán es un vino . . . .* Y, a la misma vez, se ha resaltado la oración no-subordinada, haciéndola la cláusula principal.

En la cláusula relativa, un **pronombre relativo** (*que*, por ejemplo) viene a ocupar el lugar del sustantivo repetido.

       que
El champán, ~~el champán~~ se reserva aquí para las grandes fiestas, es un vino muy popular en el sur de Europa.

Por supuesto, se puede subordinar una situación verbal a otra sin que tengan ningún elemento en común (piense en muchas de las frases examinadas en el Capítulo 4, tales como *Me alegro mucho de que se case*), pero el elemento común tiene que existir para que haya una cláusula relativa.

La descripción contrastiva y la no-contrastiva

Además de decidir qué oración va a transformarse en la cláusula subordinada, el hablante tiene que decidir qué tipo de descripción quiere hacer. En el Capítulo 7, vimos que hay dos tipos de descripción: la descripción contrastiva y la no-contrastiva. Las cláusulas relativas funcionan como adjetivos, así es que admiten esta misma distinción.

Considere la diferencia entre estas dos versiones de nuestra oración ejemplo.

El champán que se reserva aquí para las grandes fiestas es un vino muy popular en el sur de Europa.

El champán, que se reserva aquí para las grandes fiestas, es un vino muy popular en el sur de Europa.

En la primera frase, la cláusula relativa es contrastiva, o **especificativa.** La cláusula contrastiva identifica un determinado champán, y lo distingue de otros —los que no se reservan para las grandes fiestas. En la segunda frase, la cláusula relativa va entre comas (y, oralmente, entre pausas). Esta cláusula tiene una función no-contrastiva, o **explicativa.** Sirve para proporcionar más información sobre el champán en general y no sobre un champán específico.

Con los adjetivos, la distinción entre una descripción contrastiva y una no-contrastiva determina la colocación del adjetivo: el adjetivo contrastivo va detrás del sustantivo, y el no-contrastivo va delante. Las cláusulas relativas siempre siguen a su antecedente, así que su colocación no puede quedar afectada por el tipo de descripción.

El explicar cómo se diferencia una entidad de otras implica necesariamente la existencia de otras entidades comparables. Por eso, si el sustantivo modificado es único, no admite la modificación contrastiva. La cláusula relativa de la siguiente frase tiene que ser explicativa porque modifica al antecedente único *España.*

En **España**, que es el primer país hispano en la producción del champán, . . .

Observe que si la cláusula no-contrastiva contiene el verbo *ser*, se puede prescindir del verbo y poner otro sustantivo en aposicíon al primero.

En España, (que es) el primer país en la producción del champán, . . .

Al hacer esto, se evitan las complicaciones de la subordinación de una cláusula.

Ejercicio **8.2**   Vuelva al párrafo del Ejercicio 8.1 e identifique las cláusulas contrastivas y las no-contrastivas. Si las cláusulas contrastivas fueran no-contrastivas, y viceversa, ¿cuál sería la diferencia de significado? Vuelva también a su traducción y compare la traducción del pronombre relativo *que* en los dos tipos de cláusula.

Ejercicio **8.3**   Invente otra frase utilizando el sustantivo indicado y luego subordine la frase inventada a la frase original, usando *que*. No olvide que los sustantivos únicos sólo pueden modificarse de manera no-contrastiva.

> *Ejemplo:* **La Casa Blanca** es la residencia del presidente de los Estados Unidos + **La Casa Blanca** se encuentra en Washington → La Casa Blanca, que se encuentra en Washington, es la residencia del presidente de los Estados Unidos.

a.   **La Casa Rosada** es la residencia del presidente de Argentina.

b.   El factor económico más negativo es **la inflación**.

c.   **Mafalda** es un dibujo muy popular en los países hispanos.

d.   **El quechua** es una incógnita para muchos norteamericanos.

e.   **La computadora** realmente facilita la redacción.

f.   **La televisión** ha cambiado nuestras costumbres sociales.

g.   El actual renombre de la literatura hispanoamericana se debe en gran parte a *Cien años de soledad.*

h.   Debido a su situación geográfica, **el gallego** es muy parecido al portugués.

Los pronombres relativos

Evidentemente, la formación de la cláusula relativa es un proceso bastante sofisticado. Por lo tanto, el hablante, al utilizar este tipo de modificación, tiene que estar atento a las dificultades que pueda presentar para el oyente. El pronombre relativo *que* sencillamente liga una cláusula con otra, sin más. *Que* es invariable en cuanto al género y al número, y sirve para modificar todo tipo de entidad, sea animada o no-animada. Suele usarse cuando su referente es el sujeto o el complemento directo de la cláusula subordinada porque la relación entre estas entidades y las situaciones verbales es relativamente transparente. Y se usa más en las cláusulas contrastivas que en las no-contrastivas, debido a que la entonación de la voz sirve para ligar las cláusulas contrastivas a sus antecedentes.

Ejercicio **8.4** Verifique que el pronombre relativo *que* sustituye al sujeto o al complemento directo de todas las cláusulas relativas del Ejercicio 8.1.

Aunque *que* es el pronombre relativo de mayor uso, existen otros pronombres relativos. Hay una variedad de posibles relaciones entre un complemento preposicional —que también puede ser un complemento indirecto— y la situación verbal. Cuando se subordina una situación verbal por medio del complemento preposicional, se necesita comunicar claramente cuál es la relación entre la cláusula subordinada y su antecedente. Los demás pronombres relativos reflejan ciertas características de sus antecedentes, facilitando así la identificación del antecedente.

OTROS PRONOMBRES RELATIVOS

quien (quienes)

el que (la que, los que, las que)

el cual (la cual, los cuales, las cuales)

cuyo (cuya, cuyos, cuyas)

Quien y *quienes*

En general, se necesita clarificar la relación relativa en dos casos: cuando la entidad repetida es un complemento de preposición en la cláusula subordinada y cuando la cláusula relativa tiene una función no-contrastiva.

El primero de los pronombres relativos más informativos es *quien* (plural *quienes*). *Quien* siempre se refiere a personas, lo que facilita la identificación de su antecedente, y el contraste singular/plural permite que se identifique también el número del antecedente. Después de una preposición, se emplea *quien* para hacer referencia a un antecedente humano.

El hombre con **quien** (*que) sale mi hermana estudia para ingeniero.

Observe que el sujeto (*mi hermana*) sigue al verbo en la cláusula subordinada. Por regla general (aunque puede haber excepciones) el orden de los elementos en las cláusulas subordinadas es verbo-sujeto.

Por la naturaleza improvisada de la información en la cláusula no-contrastiva, y además por la falta del lazo de la entonación entre este tipo de cláusula y su antecedente, a veces es útil señalar claramente cuál es la relación entre esta cláusula y su antecedente. *Quien* alterna con *que* en las cláusulas no-contrastivas, mientras que no suele aparecer en las cláusulas contrastivas.

Maradona, **que/quien** era un futbolista argentino muy famoso, jugó también en Europa.

vs.

El futbolista **que** hizo mayor impresión en el partido fue Maradona.

Cuando el sustantivo repetido va precedido por la *a* acusativa, hay dos maneras de formar la cláusula relativa. En el lenguaje informal, se suele eliminar la *a* acusativa en las cláusulas contrastivas y sustituir el sustantivo por *que*.

El futbolista era Maradona + Vi **al futbolista** el otro día
→ El futbolista **que** vi el otro día era Maradona.

En el lenguaje formal, en contraste, se suele retener la *a* acusativa y, como resultado, utilizar otro pronombre relativo. Dado el tono formal de las siguientes frases, la subordinación de la segunda frase a la primera requiere la retención de la *a* acusativa y el no-uso de *que*.

El compañero es un hombre modesto + Queremos reconocer **al compañero** esta tarde por su labor humanitaria
→ El compañero **a quien** queremos reconocer esta tarde por su labor humanitaria es un hombre modesto.

En las cláusulas no-contrastivas, hay que retener la *a* acusativa, lo que hace que se use *quien* en lugar de *que*.

El compañero, **a quien** queremos reconocer esta tarde por su labor humanitaria, es un hombre modesto.

Ejercicio **8.5** Escriba una frase con una cláusula relativa para describir a los siguientes personajes. Su descripción tiene que ser no-contrastiva porque estos antecedentes son únicos. (Si no sabe quiénes son estas personas, consulte a un hispanohablante.)

a. Benito Juárez
b. Mario Vargas Llosa
c. Blancanieves
d. Cristóbal Colón
e. Evita Perón
f. Fidel Castro
g. Juan Carlos I
h. Simón Bolívar

Ahora bien, el hecho de que una cláusula relativa pueda formarse no quiere decir que se utilice en todos los contextos. En el habla cotidiana, el uso de las cláusulas relativas complejas es limitado. Por ejemplo, en teoría se puede subordinar la segunda de estas frases a la primera.

Marina dice que va a vender su carro + Hablé con **Marina** ayer
→ **Marina**, con quien hablé ayer, dice que va a vender su carro.

Pero sólo un pedante pronunciaría esta frase en un contexto informal. La redundancia puede evitarse —y en el lenguaje oral suele evitarse— de otras maneras. Se puede quitar la palabra redundante y coordinar las dos frases, o bien subordinar una de las frases.

Hablé con Marina ayer y dice que va a vender su carro.

o

Cuando hablé con Marina ayer, dijo que iba a vender su carro.

El que, el cual y sus variantes

Estas formas del pronombre relativo están compuestas del artículo definido y *que* o *cual(es)*. El artículo definido, como siempre, concuerda en género y número con la entidad que modifica. Comparada con la neutralidad de *que*, esta concordancia proporciona más información. Por eso, estos pronombres relativos se utilizan con frecuencia después de preposición, un contexto en que la relación entre el antecedente y el verbo de la cláusula subordinada admite muchas posibilidades.

Los problemas **de los que/de los cuales** hablamos ayer se han solucionado.

El ministro, **con quien/con el que/con el cual** discutió pública-mente el jefe del gobierno, ha renunciado a su cargo.

Tanto *el que* como *el cual* se emplean después de preposición, pero cabe señalar algunos factores que favorecen la elección de *el cual*. Primero, hay una diferencia de acentuación entre *el que* y *el cual*: *que* es átona mientras *cual(es)* es tónica. El carácter tónico de *cual* hace que se le preste atención, y por eso si el antecedente está separado del pronombre relativo por muchas palabras, o por las pausas que encie-rran las cláusulas no-contrastivas, se tiende a usar *el cual*. También, la mayoría de los hablantes emplea *el cual* más en contextos formales que en contextos informales. Estos factores se complementan porque el lenguaje formal suele ser más complejo sintácticamente.

En el siguiente ejemplo, se usa *la cual* debido a la distancia entre el pronombre relativo y su referente, *la medalla*, y también debido al estilo elevado de la frase.

La medalla que conmemora su ascención al trono, con una copia de **la cual** obsequió el rey a sus invitados, es obra de un conocido orfebre.

Se tiende también a preferir *el cual*, por su carácter tónico, después de preposiciones multisilábicas y tónicas. Sobre todo después de la preposición aguda *según*, no se usa *el que*.

Ha sido aprobada una ley según **la cual** los bancos extranjeros tienen que congelar todos los fondos.

No obstante, aquí también puede utilizarse el pronombre relativo universal *que*. En contextos informales, se usa *que* a secas detrás de ciertas preposiciones unisilábicas y átonas: *a, con, de* y *en*.

Los problemas **de que** hablamos ayer se han solucionado.

Ejercicio 8.6 Subordine la segunda frase, en la que el elemento repetido está introducido por una preposición, a la primera. Examine el siguiente ejemplo antes de hacer el ejercicio, y fíjese que la preposición tiene que colocarse delante de su complemento en español (y no después del verbo como en inglés: *is linked to/associated with*).

Ejemplo: **La ganadora del concurso** va a cantar el himno nacional +
Un político conocido está relacionado con **la ganadora del concurso**
→ La ganadora del concurso, con quien/con la que/con la cual está relacionado un político conocido, va a cantar el himno nacional.

a. **La rivalidad** acabó en marzo en una confrontación pública + El ministro se dio cuenta de **la rivalidad** inmediatamente

b. El informe sobre **la contaminación atmosférica** fue muy controvertido + Mucha gente se enfermó por **la contaminación atmosférica**

c. **Marilyn Monroe** no sabía apreciar sus propias dotes como actriz + Toda una generación soñaba con **Marilyn Monroe**

d. **La voluntad del nuevo juez** es notoriamente cambiante + El futuro del preso depende de **la voluntad del nuevo juez**

e. **Los exámenes de septiembre** fueron cancelados debido a la crisis económica + Cientos de personas se dedicaron durante meses a prepararse para **los exámenes de septiembre**

f. **El Departamento de Turismo** no acepta cheques personales + Hay que enviar el dinero al **Departamento de Turismo**

El pronombre neutro *lo*

En los ejemplos que se han considerado hasta ahora, el pronombre relativo ha servido de enlace entre un sustantivo y una situación verbal. Pero no todo lo que se quiere describir corresponde a un sustantivo concreto; también podemos referirnos a toda una situación.

> **Amelita:** ¿Qué pasó anoche? Oí mucho ruido.
> **Vicente:** Se le reventó la tubería a la vecina.

Toda la situación descrita por la frase *Se le reventó la tubería . . .* es la respuesta a la pregunta. El pronombre que puede sustituir a toda una situación verbal es *lo*:

> **Amelita:** ¿Como **lo** supiste? (*lo* = que se le reventó la tubería)
> **Vicente:** Me **lo** explicó el plomero.

Para modificar a un antecedente que es toda una situación verbal, se emplea *lo que* o *lo cual*. Lógicamente, la cláusula relativa que contiene *lo que* o *lo cual* tiene que ser no-contrastiva porque todas las situaciones verbales son únicas.

> Los precios están muy inestables, **lo que/cual** complica las negociaciones.

Ejercicio **8.7**   Complete las siguientes frases.

a.   Mucha gente está sin trabajo, lo que/cual . . .

b.   Las graderías del estadio se derrumbaron bajo el peso de tanta gente, lo que/cual . . .

c.   México tiene una larga frontera con los Estados Unidos, lo que/cual . . .

d.   Ha bajado mucho el precio del café, lo que/cual . . .

Ahora, invente una situación que podría traer las siguientes consecuencias:

e.   . . . , lo que/cual conmovió a todo el mundo.

f.   . . . , lo que/cual fue muy criticado en los periódicos.

g.   . . . , lo que/cual no significa nada.

h.   . . . , lo que/cual es una estupidez.

Las cláusulas relativas y el modo

Ya sabemos que el indicativo es el modo de la afirmación. Entonces, lo que sabe o no sabe el hablante sobre el sustantivo determina la afirmación o no-afirmación de la cláusula relativa que lo modifica.

Ayer habló el jefe, y el discurso que **pronunció** fue muy aburrido.

vs.

Mañana hablará el jefe, y el discurso que **pronuncie** será muy aburrido.

Observe que es lógicamente imposible afirmar una descripción de *nada* o de *nadie*; así se explica el uso del subjuntivo en las cláusulas relativas subordinadas a estas palabras.

Copyright: Maitena Burundarena, 2003.

Ejercicio **8.8** Elija entre el indicativo y el subjuntivo, según el contexto.

a. El monedero que **hemos/hayamos** encontrado lleva mucho dinero.

b. *(en un letrero)* Quien **tiene/tenga** quejas las puede dirigir a la Dirección.

c. Los policías que **revisaron/revisaran** nuestro carro en la frontera nos lo abrieron todo.

d. ¿Quieres ir a ver la película que **ganó/ganara** el Oscar este año?

e. Llevaba meses buscando a alguien que se lo **arreglaba/arreglara** sin encontrar a nadie.

f.   La casa que se **está/esté** construyendo el ex-presidente está ubicada en el mejor barrio de la ciudad.

g.   Cuando fui a preguntar, no había nadie que me lo **podía/pudiera** explicar.

h.   Los Juegos Olímpicos que se **celebraron/celebraran** en Barcelona fueron un gran éxito.

Los pronombres relativos *quien/quienes* pueden usarse independientemente de cualquier antecedente, lo que les da un significado impersonal. En muchos refranes, el uso del indicativo se debe a que hay gente (de hecho, la gente que escucha el refrán) que pertenece a la clase señalada.

Quien [= la persona que] no **llora**, no mama.

En contraste, si no se puede identificar a *quien*, hay que usar el subjuntivo en la cláusula modificadora.

Quien **haya** encontrado un perro manchado en la calle República Argentina, llame al 933-31-46. Se gratificará.

Ejercicio   8.9   Así empiezan unos refranes muy conocidos en el mundo hispanohablante. Complételos de manera lógica y compare sus frases con las de un compañero de clase. Luego, observe la forma tradicional del refrán, que les dará su profesor.

Ejemplo: Quien ríe último. . . → Quien ríe último, ríe mejor.

a.   Quien busca, . . .

b.   Quien mucho habla, . . .

c.   Quien se junta con lobos, . . .

d.   Quien más tiene, . . .

e.   El que a hierro mata, . . .

f.   Quien no se aventura, . . .

g.   El que baja la cabeza, . . .

h.   Quien ver lástimas no quiera, . . .

La relación posesiva y la cláusula relativa

Una de las relaciones semánticas que puede existir entre una entidad y otra es la de posesión. Una entidad, cualquiera que sea su participación en una situación, también a la vez puede poseer otra entidad en una situación subordinada. Si el hablante quiere relacionar las dos situaciones con una cláusula relativa, necesita un enlace entre la entidad poseedora y la entidad poseída. La palabra que establece esta relación es *cuyo*. **Cuyo es relativo y posesivo a la vez y, como cualquier adjetivo posesivo, concuerda en género y número con la entidad a la que modifica, o sea, con la entidad poseída.**

> Paul Newman ganó el Oscar hacia el final de su carrera +
> La naturalidad cinematográfica de Paul Newman ha fascinado
> al público
> → Paul Newman, **cuya** naturalidad cinematográfica ha fasci-
> nado al público, ganó el Oscar hacia el final de su carrera.

Fíjese que, a diferencia de los otros relativos, *cuyo* es un adjetivo y no un pronombre, y así tiene que modificar a un sustantivo. *Cuyo* tiende a aparecer sólo en el lenguaje escrito, debido a lo complicadas que son las cláusulas relativas posesivas.

Ejercicio 8.10   Complete las frases siguientes, asegurándose que la forma de *cuyo* concuerde con el sustantivo al que modifica (y no con el antecedente).

> *Ejemplo:* Santiago, cuyo . . . → Santiago, **cuya profesión** le obliga a viajar mucho, es difícil de localizar en casa.

a. Los senadores, cuyo . . .

b. Habrá un reportaje en televisión sobre Luis Buñuel, cuyo . . .

c. La distinguida profesora de historia, cuyo . . .

d. Pensaba que iba a hablar el periodista cuyo . . .

e. El hombre de que hablábamos, cuyo . . .

f. Van a despedir al vicepresidente para marketing, cuyo . . .

g. Ese músico, cuyo . . .

h. Federico García Lorca, cuyo . . .

El gerundio como modificador

Al principio de este capítulo, dijimos que la cláusula relativa permite des-cribir una entidad en función de su participación en una situación verbal. Si esta situación verbal se encuentra en su transcurso, el verbo se va a conjugar en un tiempo progresivo, con una forma de *estar* + el gerundio. El gerundio, a su vez, puede funcionar como modificador.

> Silvia, **temiendo** lo peor, fue a explicarle a su padre que había tenido un pequeño accidente.

El gerundio *temiendo* viene de la frase relativa *que estaba temiendo lo peor* y puede considerarse una variante reducida de esta cláusula. Ahora bien, ¿cuál es la función de este gerundio: es adjetivo porque propor-ciona información sobre el sustantivo, o es adverbio porque describe cómo se lleva a cabo la acción? A diferencia del participio modificador (piense en las construcciones con *ser* y *estar* del Capítulo 3, por ejemplo), el gerundio no lleva las marcas morfológicas del adjetivo; no muestra ni género ni número. Sin embargo, sí describe al sujeto de la frase, y en este sentido cumple una función adjetiva. El gerundio modificador es un ejemplo de la interrelación entre el adverbio y el adjetivo comentada en el Capítulo 9.

Ejercicio **8.11**   Escriba las siguientes frases con un gerundio en lugar de la cláusula relativa.

> Emilio, **que es vecino de una comunidad rural,** siempre tiene problemas con el teléfono. La compañía telefónica, **que goza de un monopolio en este país,** no quiere hacerle caso porque hay pocos usuarios allí. Su mujer, **que es diabética,** tiene miedo de no poder llamar al médico cuando lo necesite. Felizmente, un representante de la compañía, **que vio que podría ocurrir una desgracia,** acaba de prometerles que resolverá el problema.

Ahora haga la conversión contraria.

> Guadalupe, **leyendo una novela en la cama,** se dio cuenta de que pasaba algo raro en la calle. Los vecinos, **saliendo de sus apartamentos a toda velocidad,** gritaban como locos. Guadalupe echó un vistazo por el balcón y la gente, **mirándola estupefacta,** le gritó "Baja, corre, bájate ahora mismo". Iba a preguntarles por qué cuando los bomberos, **intentando salvar a todo el mundo,** abrieron la puerta de su apartamento.

La variación

Desde luego, las cláusulas relativas se usan en todos los dialectos del español. Sin embargo, hay variación en cuanto al uso de algunos de los pronombres relativos. Estos usos no varían de país en país, sino que varían de hablante en hablante de acuerdo con su nivel de educación y también de acuerdo con la formalidad del discurso.

Ejercicio **8.10**   Pregúnteles a dos hispanohablantes sobre las frases que Ud. escribió para el Ejercicio 8.6. ¿Cuáles de los pronombres relativos les suenan mejor/más naturales? Luego, compare sus datos con los de sus compañeros de clase.

Ejercicio 8.12 En el habla informal, algunos hablantes usan *que* en lugar de *cuyo* o una combinación de preposición + pronombre relativo. Pregúnteles a dos hispanohablantes si las siguientes frases son aceptables (es decir, si las usan ellos). Si las rechazan, pregúnteles qué dirían ellos. Compare sus datos con los de sus compañeros de clase y procure identificar los factores que gobiernan el comportamiento de sus informantes.

a. Mi hermana tuvo un novio durante 10 años que nunca se casó con él.

b. Tengo un carro viejo que quiero usar su motor para repuestos.

c. No pueden emigrar los ciudadanos que sus papeles no están en orden.

d. He encontrado una foto de la playa que estuvimos en las vacaciones.

e. Susana tiene una cámara digital que sus instrucciones son imposibles de entender.

f. Felizmente, pude dormir en casa de un amigo que yo tenía su dirección.

Investigación

1. A lo largo del capítulo, se ha dicho que la cláusula relativa es un recurso para eliminar la redundancia y que se usa más en los estilos más formales. Reescriba el párrafo siguiente como si fuera un artículo periodístico, aprovechando la cláusula relativa para bajar la redundancia.

John R. Smith es catedrático de Harvard y autor de numerosos libros en el campo de la microeconomía. Smith fue invitado a participar en un simposio. El simposio fue organizado por la Universidad Nacional. El profesor Smith expuso su opinión sobre las perspectivas para la economía del país a corto y medio plazo. El profesor Smith es asesor de su gobierno. Dijo que nuestra economía ha experimentado un espectacular crecimiento gracias a las compañías multinacionales. Las multinacionales se han instalado aquí porque han encontrado unas condiciones favorables para el desarrollo de sus negocios. En el simposio se habló mucho del turismo. Opinó el profesor Smith que el turismo no es la mejor fuente de ingresos porque depende de la economía de otros países. Smith no había estado en nuestro país anteriormente. Smith insistió mucho en que se eligiera una estrategia económica sólida. La estrategia económica sólida se basa en fabricar pocos productos de alta calidad para la exportación. La fabricación de pocos productos de alta calidad para la exportación podría generar mucho empleo en algunas zonas actualmente poco desarrolladas. Empresarios de todo el país asistieron al simposio. El simposio se clausuró ayer.

2. Se ha visto que una de las relaciones que se puede expresar con una cláusula relativa es la que existe entre una frase preposicional y una entidad. En una frase como *La encontré en el sillón en que la había dejado*, el pronombre relativo *que* se refiere a un lugar porque su antecedente, el sitio, tiene un referente locativo. En este contexto, *donde* también puede servir como un pronombre relativo. Ya que el significado de *donde* incorpora expresamente la referencia a un lugar, no hace falta repetir la preposición *en*. En el siguiente ejemplo, la cláusula relativa tiene una función adjetiva —modifica a sustantivo— aunque sea locativa.

> Pasé sin hacer ruido al cuarto donde papá guarda su caja de herramientas. (Díaz Grullón)

Ahora bien, ¿puede usarse *donde* como un pronombre relativo en todos los contextos en que se encuentra *en que*? Antes de contestar, considere estas frases, también escritas por Díaz Grullón:

> Recuerdo muy bien el día **en que** papá trajo la primera muñeca en una caja grande de cartón envuelta en papel de muchos colores y atada con una cinta roja, . . .

> Esther cumplía seis años el día **en que** papá llegó a casa con el regalo.

Práctica oral

En teoría, la formación de frases relativas es un proceso infinitamente recursivo: siempre se puede agregar otra cláusula relativa más. En realidad, este proceso tiene límites impuestos por la memoria del hablante y la atención del oyente. En la poesía infantil, se encuentran largas secuencias de cláusulas relativas que suponen un reto para la memoria del niño. Recite este poema con un compañero de clase, procurando hacerlo sin consultar la version escrita.

> En el mercado, por un pesito, mi padre compró un ratón
> (*bis*)
> Y vino un gato, que se comió el ratón que en el mercado mi padre compró
> (*bis*)
> Y vino un perro, que mordió al gato que se comió el ratón que en el mercado mi padre compró
> (*bis*)
> Y vino un palo, que pegó al perro que mordió al gato que se comió el ratón que en el mercado mi padre compró
> (*bis*)

Y vino el fuego, que quemó el palo que pegó al perro que mordió al gato que se comió el ratón que en el mercado mi padre compró

(*bis*)

Y vino el agua, que apagó el fuego que quemó el palo que pegó al perro que mordió al gato que se comió el ratón que en el mercado mi padre compró

(*bis*)

Y vino un toro, que se bebió el agua que apagó el fuego que quemó el palo que pegó al perro que mordió al gato que se comió el ratón que en el mercado mi padre compró

(*bis*)

Y vino el carnicero, que mató al toro que se bebió el agua que apagó el fuego que quemó el palo que pegó al perro que mordió al gato que se comió el ratón que en el mercado mi padre compró

(*bis*)

Y vino una doncella, que enamoró al carnicero que mató al toro que se bebió el agua que apagó el fuego que quemó el palo que pegó al perro que mordió al gato que se comió el ratón que en el mercado mi padre compró

(*bis*)

Y sanseacabó

Lectura guiada

1. Lea *Águeda* de Pío Baroja. Luego, localice las siguientes frases en el cuento y conteste las preguntas.

   A veces una esperanza loca le hacía creer que allá, en aquella plaza triste, estaba **el hombre a quien esperaba**; un hombre fuerte para respetarle, bueno para amarle; **un hombre que venía a buscarla**, porque adivinaba los tesoros de ternura que guardaba en su alma; **un hombre que iba a contarle en voz baja y suave los misterios inefables del amor**.

   ¿Son contrastivas o no-contrastivas estas cláusulas relativas? ¿Por qué no tendría sentido en este contexto una descripción no-contrastiva de ese hombre?

   Las siguientes frases contienen un gerundio. ¿A qué participante modifica? Exprese Ud. la misma idea con otra estructura gramatical.

   Y ella, que lo comprendía, contestaba **sonriendo**.

   Se encerró en su cuarto y pasó la noche **llorando**.

2. Lea *El encargo* de Soledad Puértolas y localice el siguiente párrafo en el texto. Luego, subraye los gerundios y nombre la entidad a la que modifican.

> Bien mirado, no era miedo lo que sentía. Podía escribir ese pregón en cualquier momento. Había escrito cosas mucho más difíciles. Estaba seguro de que el pregón le acabaría saliendo, porque en todos los años que llevaba inventando historias nunca había dejado una sin terminar. Tarde o temprano, la inspiración viene. El problema era más profundo: escudriñando en su interior, Teodoro había descubierto que no tenía nada que decirles a los hombres. No sentía ninguna necesidad de decirles nada. A lo más, que estaba cansado. Se había pasado toda la vida haciendo como si los hombres le importaran, exponiendo sus problemas, jugando con ellos. Si de algo tenía ganas era de decirles: "¡Basta ya!, abandonemos este engaño. La vida no vale para nada, todos nosotros no valemos para nada. Quejémonos de nuestra miserable condición todos a la vez a ver si se rasgan los cielos y cae sobre nosotros una tormenta aniquiladora".

Capítulo 9

La situación verbal y el adverbio

En los últimos dos capítulos, hemos visto las opciones que ofrece la gramática del español para describir las entidades. En este capítulo veremos cuáles son las opciones para describir las situaciones en las que participan las entidades, o las propiedades atribuidas a entidades y situaciones. Considere las siguientes frases, todas las cuales contienen la palabra *bien*:

a. Camina **bien** para un niño de 15 meses.

b. La pintura debe estar **bien** seca ahora.

c. Llamaron a la puerta **bien** temprano por la mañana.

En (a), *bien* describe cómo actúa el sujeto. En (b), describe la cualidad atribuida al sujeto, y en (c) describe la expresión temporal que a su vez describe al verbo. En los tres casos, *bien* proporciona información sobre las entidades sólo indirectamente, al modificar a otras partes de la oración. Las expresiones que cumplen esta función se llaman **expresiones adverbiales.** Vamos a partir de **la definición tradicional del adverbio: es un elemento gramatical que modifica a un verbo, a un adjetivo o a otro adverbio,** como en los ejemplos (a), (b) y (c), respectivamente.

Esta definición tradicional tiene tres implicaciones. Primero, si hay algún tipo de expresión que modifica tanto a los verbos como a los adjetivos, estas dos clases de palabra deben tener algo en común. Son distintos morfológicamente —los adjetivos no se conjugan, y los verbos no tienen género— pero recuérdese que una de las formas impersonales del verbo pertenece a las dos clases. El participio funciona como parte del verbo compuesto con el verbo auxiliar *haber* y como un adjetivo con el verbo copulativo *estar*.

> La sesión ha **terminado**: ya está **terminada**.

También, en algunos casos, una cualidad puede expresarse por medio del verbo o del adjetivo.

> Los cortinones **amarilleaban**. (Baroja) = Los cortinones se ponían **amarillos**.

> La víctima **ha sobrevivido**. = La víctima está **viva**.

El que los adjetivos y los verbos sean modificados por el adverbio, entonces, responde a un denominador común semántico.

Segundo, el afirmar que un adverbio puede modificar a otra expresión adverbial implica que los adverbios son recursivos, es decir, que pueden aplicarse una infinidad de veces a ellos mismos. A menudo la modificación adverbial sirve para intensificar una descripción:

> La reunión acabó **muy** tarde.

A este adverbio se le pueden agregar otros, matizando así el significado original.

> La reunión acabó **muy, muy, pero realmente muy** tarde.

Y, en tercer lugar, las expresiones adverbiales, al modificar al verbo, proporcionan lo que la gramática tradicional llama información circunstancial, es decir, la información que describe las circunstancias bajo las cuales se desarrolla la situación verbal. Esta información incluye la ubicación de la acción en el espacio o en el tiempo, y la manera en que se desarrolla.

> **Hoy** el huracán se encuentra **sobre Puerto Rico**, pero su fuerza se va disminuyendo **poco a poco**.

Ejercicio **9.1**   Subraye las expresiones adverbiales.

DAMARIS: ¿Qué hicieron Uds. ayer? Te llamé varias veces, y al final me cansé de llamarte a las once y media.

ROBERTO: Fuimos al cine para ver una película alemana, y después fuimos a un café. Te llamamos antes de irnos pero no estabas.

DAMARIS: Pues, estaba en casa, pero escuchaba música con los auriculares y supongo que no oí el teléfono. ¿Qué tal la película?

Roberto: Nos gustó bastante. La acción tenía lugar en el Berlín de los años 50. Siempre aprendes mucho al intentar seguir una película en otra lengua, aunque tuve unos problemas con el vocabulario y el acento. Hablaban muy deprisa.

Damaris: Claro, todo el mundo corre en su propio idioma.

Análisis

La morfología del adverbio

Tanto los adjetivos como los adverbios modifican a otras expresiones, pero hay algunas diferencias entre ellos que hay que remarcar. Los adjetivos concuerdan en género y número con el sustantivo que modifican; en cambio, los adverbios no concuerdan morfológicamente con nada porque la concordancia se origina en el sustantivo. Es decir, el número del verbo depende del sustantivo sujeto, y el género y el número del adjetivo dependen del sustantivo modificado. Los adverbios, al modificar a los verbos, los adjetivos u otros adverbios, modifican a las entidades de manera indirecta; la relación entre el adverbio y el sustantivo no es lo suficientemente estrecha para que haya concordancia gramatical entre ellos. Por lo tanto, la falta de marcadores de género y de número en el adverbio lo distingue del adjetivo.

> Les he echado herbicida a las malas hierbas, pero me salen **igual** [*adverbio*].

> *vs.*

> Esperaba flores de diferentes colores, pero me han salido **iguales** [*adjetivo*].

> Llevo **peor** [*adverbio*] los meses de verano que los de invierno.

> *vs.*

> Los meses de verano son **peores** [*adjetivo*] para mí que los de invierno.

Morfológicamente, los adverbios se dividen en dos clases. Una consiste en los adverbios que no llevan ninguna marca adverbial. Estos adverbios pueden ser palabras (por ejemplo, *aún, mejor, así*) o frases preposicionales empleadas adverbialmente (por ejemplo, *de noche, por último, a la fuerza*). En algunos casos, la preposición se ha fundido con su complemento para formar una sola palabra adverbial: *deprisa, conmigo*.

Algunos adverbios tienen morfología nominal, y sólo su papel en la frase delata su función adverbial.

El lunes tengo el primer examen.

Subió **los tres peldaños** del porche y entró. (Cortázar)

En ciertas frases adverbiales, sobre todo en la lengua hablada, hay preposiciones que se suprimen, dejando atrás sólo el complemento de la preposicion, que es nominal (véase el Capítulo 10). Esto da como resultado aún más sustantivos que funcionan como adverbios.

Hace muchísimo calor **(en) estos días**.

Trabajó **(por) una temporada** con esa compañía.

Al lado de los adverbios cuya morfología no es explícitamente adverbial están los adverbios formados a base de un adjetivo en combinación con el sufijo -*mente*. Esta construcción compuesta viene del latín, donde el sustantivo *mens* era femenino, y el adjetivo que lo modificaba tenía que ser también femenino. El resultado de esta concordancia es que en español el sufijo -*mente* sólo se añade a la forma femenina (o invariable) del adjetivo, y nunca se combina con una forma masculina.

forma femenina del adjetivo: últimamente, precisamente, exactamente (*últimomente, *precisomente, *exactomente)

adjetivo invariable: actualmente, admirablemente, realmente

En muchos casos, existe una frase preposicional adverbial que corresponde a un adverbio en -*mente*.

Repentinamente [de repente], todo ese conocimiento se le había borrado. [Puértolas]

Sin mirarse ya, atados **rígidamente** [con rigidez] a la tarea que los esperaba . . . (Cortázar)

Ejercicio **9.2** ¿Cuáles son las frases preposicionales que corresponden a estos adverbios? Si no conoce la frase preposicional, consulte un diccionario. A continuación, utilice la frase preposicional o el adverbio en una frase.

a. forzosamente

b. sorprendemente

c. frecuentemente

d. completamente

e. exactamente

f. duramente

g. finalmente

h. dulcemente

El hecho de que los adverbios en *-mente* procedan de la unión de dos palabras también da cuenta de unas particularidades suyas. Por una parte, si el adjetivo base lleva tilde, la tilde se retiene en el adverbio derivado:

difícil → difícilmente

única → únicamente

Estas palabras tienen dos acentos prosódicos: uno en el adjetivo base y el otro en el sufijo *-mente*.

Debido a la naturaleza compuesta de estos adverbios, en una serie de adverbios acabados en *-mente*, sólo hace falta añadir el sufijo al último adjetivo.

La reproducción de esta cinta está autorizada **única y expresamente** para el uso personal.

Ejercicio 9.3 Siga el ejemplo y escriba una frase con adverbios formados a base de los adjetivos indicados. Luego, sugiera dos ejemplos más y escriba frases con ellos.

Ejemplo: mensual o trimestral → Puede pagar la matrícula mensual o trimestralmente, como Ud. quiera.

a. política y militar

b. normal y frecuente

c. loca y desesperada

d. alegre y cariñosa

e. económica y social

f. física y mental

g.

h.

La colocación de los adverbios

El adjetivo sólo modifica al sustantivo, así que su colocación delante o detrás del sustantivo trae consecuencias semánticas. El adverbio, en cambio, puede modificar a verbos, adjetivos u otros adverbios. Como consecuencia, **la colocación de la expresión adverbial dentro de la frase va en función de lo que se quiere modificar.** La colocación del adverbio no se ajusta a reglas fijas, pero sí puede describirse en términos generales.

El verbo, siendo el núcleo de la **frase verbal**, atrae las otras expresiones que dependen gramatical y semánticamente de él. Los adverbios temporales y locativos pueden aparecer delante o detrás de la frase verbal. Pero cuanto más larga sea la frase adverbial, más probable es que aparezca al final.

Ahora estoy satisfecho.

vs.

Estoy satisfecho **desde el primer día que empezamos a trabajar en este nuevo proyecto.**

El adverbio de modo (por ejemplo, *bien, mal, peor*) suele colocarse después del verbo. Si el verbo es transitivo, el adverbio de modo a menudo aparece entre el verbo y su complemento. Pero, una vez más, un adverbio relativamente largo suele colocarse al final.

Habla **bien** el castellano.

vs.

Habla el castellano **mucho mejor que sus primos.**

Los adverbios que modifican a un adjetivo u otro adverbio se colocan delante de la expresión que modifican:

Al darse cuenta de lo que había dicho, se puso **muy** rojo. (*muy* modifica a *rojo*)

Ahora considere la frase siguiente:

Sin duda, le dedicaba muchas horas pero no se aburría. (Puértolas)

Sin duda no modifica a ningún elemento dentro de la frase sino a la frase entera. En ese sentido, su efecto modificador va más allá de la definición tradicional de la que partimos. Lógicamente, los adverbios que modifican a toda una frase suelen colocarse al principio de la frase para que puedan afectar la interpretación del conjunto.

Realmente, es difícil aprender otro idioma. (*realmente* modifica a toda la frase)

vs.

Es **realmente** difícil aprender otro idioma. (*realmente* modifica a *difícil*)

Ejercicio 9.4 Invente una frase que pueda ser modificada por cada uno de los siguientes adverbios.

a. Personalmente, . . .

b. Socialmente, . . .

c. Actualmente, . . .

d. Indudablemente, . . .

e. Filosóficamente, . . .

f. Específicamente, . . .

g. Desafortunadamente, . . .

h. Felizmente, . . .

Ejercicio 9.5 Identifique qué esta modificado por el adverbio en negrita en cada una de las siguientes frases.

a. La puerta se abrió **despacio**.

b. El candidato acabó agradeciendo **sinceramente** el trabajo de su equipo.

c. Volvimos a meterlo **con cuidado** en el armario de mamá.

d. Las instrucciones deberían explicar **claramente** cómo funciona el aparato.

e. Sus conclusiones han resultado **sumamente** polémicas.

f. Tendré que leer el informe **rápidamente** porque no dispongo de mucho tiempo.

g. **Afortunadamente**, este proyecto está resultando muy fácil.

h. La película es **absurdamente** romántica, pero me gustó.

La negación

El negar una situación verbal o una de sus partes es una manera de modificarla. Se puede dividir la negación en categorías según el elemento negado. Para negar una situación verbal, el español utiliza la palabra *no*. Ya que el núcleo de toda oración es el verbo, es lógico pensar que *no* estará ligado al verbo, y de hecho se coloca inmediatamente delante del verbo.

Yo ya **no** oigo lo que sigue diciendo Esteban. (Rulfo)

En esta frase, ni el pronombre sujeto *yo* ni el adverbio *ya* puede estar entre *no* y el verbo que modifica. Hay que recordar, sin embargo, que los pronombres clíticos (por ejemplo, *me, se, lo*) van ligados a los verbos fonéticamente. Por eso, nunca se encuentra *no* (ni ninguna otra palabra) entre el pronombre clítico y el verbo.

No me gustan las ventanas. (*Me no gustan las ventanas.)

Tampoco se puede intercalar un elemento negativo dentro del verbo compuesto. Es decir, no se coloca *no* (ni otra expresión negativa) entre un verbo auxiliar cuya función es la de expresar categorías gramaticales (tiempo, aspecto, persona y número) y la forma impersonal del verbo principal:

El papel en blanco **nunca** le había preocupado. (Puértolas)
(*le había nunca preocupado, *had never worried him* en inglés)

De todas maneras, hay que tener en cuenta que no todos los verbos auxiliares sirven sólo para expresar categorías gramaticales. Algunos verbos auxiliares tienen un contenido modal, y con estos verbos hay dos posibilidades. Muchas veces, la expresión negativa precede a la combinación verbo modal + verbo principal porque el hablante quiere negar toda la situación.

No podía construir el refugio sin su ayuda. (Díaz Grullón)

Los perros **no** debían ladrar, y no ladraron. (Cortázar)

Pero si el hablante quiere negar sólo el infinitivo, lo puede hacer. Fíjese en el contraste:

Puedo **no** comérmelo, pero . . . *vs.*   **No** puedo comérmelo.

Ejercicio **9.6** Complete las frases de manera apropiada, tomando en cuenta el cambio de significado producido por la colocación de *no*.

a. No podemos estar de acuerdo porque . . .

b. Podemos no estar de acuerdo porque . . .

c. Si siguen no prestando atención en clase . . .

d. Si no siguen prestando atención en clase . . .

e. Según Manolo, Rosa no pensaba casarse . . .

f. Según Manolo, Rosa pensaba no casarse . . .

g. Los sindicalistas decidieron no protestar . . .

h. Los sindicalistas no decidieron protestar . . .

i. El primer ministro no debería convocar elecciones . . .

j. El primer ministro debería no convocar elecciones . . .

Otra opción que se presenta al hablante es la de negar alguna parte de la situación. **Siempre se requiere una expresión negativa delante del verbo,** aun cuando el hablante quiera negar algún elemento específico dentro de la situación y no la situación en conjunto. Este requisito puede ser cumplido por *no* u otra expresión negativa. Ya que en una situación verbal prototípica hay varias entidades relacionadas con el verbo, es normal tener varias palabras negativas, además de *no,* en una sola frase.

La palabra negativa *nadie* niega la participación de una persona en una situación. Esa persona, o falta de persona, puede desempeñar cualquier función sintáctica dentro de la frase:

Nadie [*sujeto*] se lo había dicho.

No veo a **nadie** [*complemento directo*].

No se lo dije a **nadie** [*complemento indirecto*].

Tienen que hacerlo sin **nadie** [*complemento de preposición*].

Para negar la presencia de una entidad no-animada en una situación, el español emplea el pronombre *nada*.

Nada [*sujeto*] hacía pensar en ese desenlace.

No me dieron **nada** [*complemento directo*].

No estoy pensando en **nada** [*complemento de preposición*].

Hemos visto que un sustantivo puede funcionar como adverbio, y *nada* constituye otro ejemplo del fenómeno. Ha adquirido funciones adverbiales, las cuales pueden verse en las frases siguientes.

No le gusta **nada** viajar.

Mi sobrina no es **nada** tímida.

Este paso es fácil de explicar si tenemos en cuenta el significado de *nada*: la cantidad cero. De hecho, muchos otros sustantivos que nombran cantidades pueden emplearse como adverbios.

Dame **bastante**, que tengo hambre.
→ Mi sobrina es **bastante** tímida.

A fin de mes me queda **poco**.
→ Le gusta **poco** viajar.

Nada, entonces, ha adquirido una función adverbial en el sistema de modificación cuantitativa porque cero también puede entenderse como una cantidad.

La palabra negativa *ninguno* niega la existencia de un miembro de cierta clase; en otras palabras, es partitiva.

Esperamos mucho
tiempo, pero no vino . . . { **ninguno.** (*de un determinado grupo*)
{ **nadie.** (*sin especificación*)

Cuando funciona como adjetivo, concuerda en género con la entidad que modifica. No aparece en plural porque la inexistencia no se puede pluralizar.

Fuimos al vídeo club, pero no encontramos **ninguna** película
que nos gustara. (*ningunas películas)

Cuando *ninguno* funciona como pronombre, si su antecedente es conocido en el discurso, se mantiene la concordancia de género con la entidad a la que se refiere.

Fuimos al vídeo club a buscar películas, pero no encontramos
ninguna que nos gustara.

Sin antecedente, el significado de *ninguno* se acerca a la idea expresada por *nadie*, con la diferencia de que *ninguno*, al ser partitivo, le sugiere al oyente que la persona pertenece a un grupo determinado.

Ninguno pudo llegar al hospital a tiempo.
(es decir, *ninguno de los familiares, de los responsables, de los jefes,* etcétera)

Otro elemento de una situación que se puede negar es la relación de la situación con el tiempo. **Para negar la existencia de una situación en el tiempo, el español tiene dos expresiones:** *nunca* y *jamás.*

$$\left.\begin{array}{l}\textbf{Nunca}\\\textbf{Jamás}\end{array}\right\}\text{conseguirán que todos respetemos la ley.}$$

Antes de adquirir un significado negativo, *jamás* (que viene de *ya más*) era una locución afirmativa que intensificaba el sentido de *nunca*. Por eso, *nunca* y *jamás* pueden combinarse para expresar una negación absoluta.

Después de lo que me hizo sufrir, no le pienso volver a hablar **nunca jamás**.

Al convertirse en una expresión negativa, *jamás* llegó a emplearse solo, sin *nunca*, pero sus usos originales no desaparecieron. Aparte de la locución *nunca jamás*, también se dice *por siempre jamás*, frase en que *jamás* intensifica el valor permanente de *por siempre*.

Después de lo que me hizo sufrir, me acordaré de ella **por siempre jamás**.

Curiosamente, muchas palabras y expresiones negativas en español tienen su origen en expresiones afirmativas. *Nada, ninguno* y *jamás* se derivan de expresiones que se empleaban principalmente en oraciones negativas, y de allí han adquirido un significado negativo independiente. Este proceso sigue produciendo nuevas expresiones negativas.

No había visto nada semejante en mi vida.
→ **En mi vida** he hablado con ese hombre.

Los calamares no me gustan en absoluto.
→ ¿Si estoy satisfecho con mis notas? **En absoluto**.

Ejercicio **9.7**   Escriba de nuevo las frases siguientes, expresando la negación de otra manera.

> Bertín no ha trabajado un solo día en su vida. Heredó mucho dinero de su familia, así que no ha tenido que preocuparse nunca por las cosas cotidianas. El otro día me comentó que no tenía idea de dónde iba a pasar las vacaciones pero que jamás había estado en Tahití, y a lo mejor iría. Dijo también que le importaba un comino la universidad, supongo porque no le hace falta estudiar para ganarse la vida. Yo nada sé de tales lujos porque soy de una familia humilde. Como diría mi madre, nadie sabe qué pasará en esta vida, y hay que estar preparado para lo que venga —así que voy a seguir estudiando.

La variación

En el Capítulo 8, se vio que el gerundio puede desempeñar la misma función que una frase relativa no-contrastiva (siempre dentro del marco temporal del verbo principal).

El muchacho, **llorando,** llegó a casa con la bicicleta rota.

El gerundio desempeña una función adverbial al describir al verbo, pero a la misma vez describe al muchacho. Esto sugiere que, aunque el adjetivo y el adverbio son diferenciables, tienen algo en común. Estos modificadores están relacionados porque las entidades (modificadas por adjetivos) participan en las situaciones verbales (modificadas por adverbios). También, muchísimos adjetivos pueden convertirse en adverbios mediante el sufijo *-mente,* y algunos adjetivos y adverbios (*igual* y *peor,* por ejemplo) tienen la misma forma. Es de esperar, entonces, que la distinción entre adjetivos y adverbios no sea perfectamente clara en todos los casos.

La naturaleza del verbo es un factor importante en todo esto. Los verbos de un participante, donde hay sólo una entidad en juego, se prestan a una confluencia de la modificación del participante y la modificación de la situación verbal. Con verbos intransitivos, entonces, la confusión entre adjetivo y adverbio es mucho más común que con verbos de dos o más participantes.

En las siguientes frases, el adverbio tiene que llevar *-mente* cuando modifica a toda la frase pero no cuando modifica a sólo el verbo.

Felizmente [*feliz], hoy en día esa enfermedad puede curarse.

vs.

Mónica vive **feliz** con su nuevo marido.

Esta última frase puede entenderse como la fusión de dos ideas: *Mónica vive con su nuevo marido + Monica es feliz.* Ya sabemos que los cuentos de hadas suelen terminar con la frase hecha *Vivieron felices y comieron perdices,* donde *felices* funciona como adverbio y también (a juzgar por su morfología) como adjetivo.

Rápido puede usarse como adverbio, de la misma manera que *fast* se usa como adverbio en inglés.

El delantero corría **rápidamente/rápido** hacia el gol.

Aquí es imposible saber si **rápido** funciona en parte como adjetivo porque *delantero* es masculino y singular. Cuando el sujeto es femenino y el adjetivo/adverbio concuerda con el sujeto, el resultado suena raro para algunos hablantes.

?La nadadora se acercaba **rápida** a la meta.

Hay variación con respecto a este tipo de frase —lo que quiere decir que esta parte de la gramática está cambiando. En estos casos hay que recoger muchos datos para averiguar cuáles son los límites de la aceptabilidad.

Ejercicio 9.8

La aceptabilidad del adjetivo/adverbio varía según el dialecto y también según el grado de formalidad del habla. Consulte con un hispanohablante sobre la aceptabilidad de las siguientes frases. ¿Cuáles son más aceptables en el lenguaje informal que en el lenguaje formal? ¿En cuáles usaría su informante el adverbio en -*mente*? Luego, compare los datos que ha recogido con los de sus compañeros de clase.

a. Los pequeños gemelos duermen **tranquilos.**

b. La abuela conversaba **animada** con los invitados.

c. La recuperación del ciclista va **lenta**.

d. Las chicas estaban escuchando a Juanes **encantadas.**

e. Las modelos están posando **elegantes** en la pasarela.

f. Si la cosa va **rápida,** acabaremos pronto.

g. Las princesas esperaban **pacientes** en el palco real.

Investigación

1. Traduzca las expresiones indicadas entre paréntesis al español y haga los cambios necesarios.

> España se está preparando para el siglo XXI en serio. (*Never*) el gobierno y la población entera han tenido un reto tan importante, o mejor dicho, tantos retos tan importantes. Durante los años 60 y 70, España (*did not*) invirtió (*any money at all*) en la infraestructura de sus ciudades, y el resultado es que (*no one*) puede ir de una parte a otra sin encontrarse en un atasco de tráfico. (*No city*) está exenta del problema del tráfico. Los sistemas de transporte público todavía son baratos, pero (*no one*) diría (*ever*) que funcionan del todo bien. La dificultad es que el arreglar estos problemas cuesta mucho dinero, y España (*is not*) un país rico, sobre todo si se le compara con algunos miembros de la Unión Europea.

2. Esta frase viene de un anuncio de publicidad:

> Yogur para sus hijos, naturalmente.

Al ser cortos, los anuncios tienen que transmitir mucha información en pocas palabras. ¿Por qué resulta tan eficaz el uso de la palabra *naturalmente* en este anuncio para yogur?

3. Para expresar la idea de que algo es de poca importancia, es frecuente hacer referencia a cosas de muy poco valor. Pregunte a por lo menos dos nativohablantes cómo expresarían esta idea mediante la frase *Me importa un* _____. (Fíjese que la expresión adverbial tiene morfología nominal.)

4. La formación de los adverbios en *-mente* es un proceso morfológico muy regular, y se aplica a muchísimos adjetivos. A veces la semántica del adverbio, en su contexto de uso más frecuente, dista un poco de la acepción más común del adjetivo. Por ejemplo, *antiguamente* quiere decir "hace mucho tiempo", mientras que el adjetivo *antiguo* significa "viejo". Busque los siguientes adverbios y sus adjetivos de base en un diccionario de lengua española para ver la diferencia entre el significado del adjetivo y el del adverbio derivado: *buenamente, calurosamente, felizmente, nuevamente, pesadamente, profundamente, terriblemente, últimamente.*

Práctica oral

Desde luego, no existe un adverbio que corresponda a todos los adjetivos de la lengua. *Verdemente,* por ejemplo, no aparece en ningún diccionario. Sin embargo, la formación morfológica del adverbio es un proceso tan productivo y tan transparente que esta palabra inventada se entiende (igual que *greenly* se entiende en inglés). Evidentemente, los hablantes están acostumbrados a interpretar las combinaciones de adjetivo + *-mente*.

Haga el siguiente ejercicio con un compañero de clase. Para cada uno de los siguientes adverbios inventados, inventen una frase en la que tenga sentido. Cuanto más imaginativas sean las frases, mejor. Para completar el ejercicio, sugieran dos adverbios originales e inventen frases con ellos.

1. "inglesamente"
2. "universitariamente"
3. "pecosamente"
4. "rubiamente"
5. "neoyorquinamente"
6. "ancianamente"
7.
8.

Lectura guiada

1. Lea *Continuidad de los parques,* de Julio Cortázar, y fíjese en la gran cantidad de adverbios que hay en un escrito tan corto. En las dos primeras frases, por ejemplo, hay ocho adverbios/frases adverbiales.

   > Había empezado a leer la novela (**unos días antes**). La abandonó (**por negocios urgentes**), volvió a abrirla (**cuando regresaba (en tren) (a la finca)**); se dejaba interesar (**lentamente**) (**por la trama**), (**por el dibujo de los personajes**).

   Compruebe que los adverbios siguen usándose copiosamente en el resto del cuento. En cambio, la cantidad de adjetivos descriptivos es relativamente limitada; no sabemos casi nada sobre el físico de los personajes. Compruebe esto y luego piense en las implicaciones de este contraste: ¿por qué será que las situaciones verbales se describen en detalle mientras que los personajes que participan en estas situaciones apenas se describen? En muchos lectores, el cuento produce la sospecha de que a ellos les podría pasar lo que le pasa al marido. ¿Cómo contribuye a lograr este efecto el manejo de los modificadores?

2. Lea *Nos han dado la tierra,* de Juan Rulfo, y fíjese en la impresión deprimente creada por el autor. Una de las causas de que esta situación nos parezca tan desesperada es el frecuente uso de la negación. Para poder ver esto, subraye todas las frases con un elemento negativo. Luego examine dónde se colocan las palabras negativas en cada frase.

Capítulo

Las preposiciones y el caso de *por* y *para*

Para empezar

Ejercicio **10.1** Traduzca el siguiente cuento tradicional al inglés. Observe que las preposiciones se utilizan con mucha frecuencia en el cuento, al igual que en español en general. Observe también que una preposición en español puede traducirse por más de una preposición en inglés, tal como ocurre en los casos de *en*, *por* y *a* en este texto.

La lechera

En una linda granja, **al** pie **de** las montañas, vivía **con** sus padres una joven lechera. Un día su madre le dijo: "Coge el cántaro **de** leche y llévala **al** mercado, y **con** el dinero que consigas puedes comprarte lo que quieras". La joven cogió el cántaro y se encaminó **hacia** el pueblo, pensando **en** todo lo que podría comprarse. **A** medio camino se paró **a** pensar más despacio: "**Con** el dinero que saque compraré una gallina, y la gallina dará huevos y **de** éstos nacerán polluelos. Los polluelos los cambiaré **por** un ternero, y cuando el ternero se haya convertido **en** un precioso toro, lo venderé y me compraré una casita". Y **al** pensar **en** su casita, dio un salto **de** alegría y se le cayó el cántaro y se le rompió **en** mil pedazos, desparramándose toda la leche **por** la tierra. Y así aprendió que no se debe hacer castillos **en** el aire sino que se debe ser feliz **con** lo que se tiene.

169

Se ha observado en muchas ocasiones que las preposiciones son difíciles de aprender en otra lengua. Sea cual sea la lengua, el estudiante tardará mucho en dominar por completo las preposiciones. Esta dificultad se debe en parte a su omnipresencia; las preposiciones aparecen tan a menudo que el estudiante tiene que utilizarlas mucho antes de comprenderlas. Además, algunos usos preposicionales son meramente convenciones; ciertas expresiones llevan siempre ciertas preposiciones (por ejemplo, uno se enamora *de* alguien pero se casa *con* alguien). Desde luego, estas convenciones se aprenden mejor con la práctica.

Cuando no se trata de una frase hecha, sin embargo, conviene saber cómo se definen las preposiciones. **La preposición es la palabra contextual por excelencia porque es el nombre de una relación.** La definición de una preposición, por decirlo de otra manera, está constituida por los elementos de una relación, y el nexo nombrado por la preposición no puede analizarse sin hacer referencia a los elementos relacionados. Es decir, la preposición se define en función de su contexto.

En español —como en inglés— hay sólo un puñado de preposiciones, mientras que hay decenas de miles de sustantivos, verbos, adjetivos y adverbios. La relativa escasez de las preposiciones en combinación con la alta frecuencia de su uso hace que cada preposición tenga un significado bastante abstracto. Sólo así es posible que unos pocos nombres de relaciones puedan describir el sinnúmero de relaciones que puede haber en el mundo.

Sintácticamente, **la preposición siempre aparece acompañada de un complemento nominal.** Recuerde que el infinitivo es sintácticamente nominal (véase el Capítulo 1) y que una cláusula puede funcionar como sustantivo (véase el Capítulo 4). El complemento preposicional, entonces, puede ser cualquiera de las siguientes entidades:

sustantivo: Tengo miedo de **la soledad**.

pronombre: Tengo miedo de **eso**.

infinitivo: Tengo miedo de **estar** solo.

cláusula: Tengo miedo de **que me dejen solo**.

¡ Ay, tengo miedo de no acordarme
de todo esto en el examen!

La combinación de una preposición y su complemento nominal constituye la frase preposicional, y ésta cumple una función modificadora. La frase preposicional funciona como adjetivo cuando modifica a un sustantivo o un pronombre (véase el Capítulo 7), es decir, cuando sirve de enlace entre dos frases o cláusulas nominales.

> Frase preposicional adjetiva: <**frase nominal**> modificada por <**preposición + frase/cláusula nominal**>

Ya no se vende <**gasolina**> <**con plomo**>.

Es posible que ganes <**un premio**> <**de algún valor**>.

Me gustan <**las películas**> <**en las que hay mucha acción**>.

Cuando la frase preposicional modifica a un verbo (o un adverbio o adjetivo), cumple una función adverbial (véase el Capítulo 9). En estos casos, la preposición sirve de enlace entre una frase verbal y una frase o cláusula nominal.

> Frase preposicional adverbial: <**frase verbal**> modificada por <**preposición + frase/cláusula nominal**>

<**Estoy loca**> <**por verte**>.

<**Vamos a caminar**> <**hasta que nos cansemos**>.

<**Hazlo**> <**con mucho cuidado**>.

Ejercicio **10.2**   Identifique la función sintáctica —adjetiva o adverbial— de las frases preposicionales que aparecen en la primera oración del texto del Ejercicio 10.1: "‹**En** una linda granja›, ‹**al** pie ‹**de** las montañas››, vivía ‹**con** sus padres› una joven lechera". Observe que puede haber una frase preposicional dentro de otra, como en el caso de "‹al pie ‹de las montañas››."

Análisis

Nos proponemos en este capítulo explicar el funcionamiento de la preposición en términos generales, sin tratar todas las preposiciones españolas. Vamos a examinar en detalle sólo dos de ellas, *por* y *para*, que suelen confundirse en boca del estudiante anglohablante. El estudio detallado de estas preposiciones nos servirá como modelo del funcionamiento de esta clase de palabra.

La confusión entre *por* y *para* se debe en gran parte al hecho de que se traduzcan *for* en muchos contextos. Recordemos, al respecto, el caso de *ser* y *estar*, que pueden compartir una misma traducción en inglés pero que tienen significados distintos en español. Pasa algo parecido con *por* y *para*. La categoría de relaciones nombradas *for* en inglés coincide con *por*, por una parte, y con *para*, por otra, sin que las dos preposiciones españolas sean iguales.

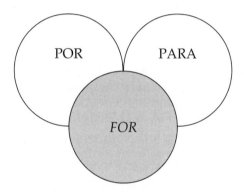

En lugar de hacer generalizaciones basadas en muchos ejemplos dispares del uso de *por* y *para*, se va a desarrollar aquí una generalización basada en el significado concreto de las preposiciones. Luego, los demás significados pueden entenderse como extensiones metafóricas de estos significados concretos. El cerebro humano siempre está comparando y clasificando, y **la metáfora** es el resultado lingüístico de estas actividades mentales. De hecho, el lenguaje no funcionaría sin la metáfora. Las lenguas son muy complejas, pero son finitas: hay más entidades en el mundo que sustantivos, más situaciones que verbos, más cualidades que adjetivos, etcétera. Para que una lengua pueda describir la realidad, tiene que recurrir a la metáfora. Ya que hay muy pocas preposiciones, y éstas tienen que nombrar una infinidad de posibles relaciones, es de esperar que la metáfora influya mucho en su uso.

La preposición *para*

Tal como hemos comentado anteriormente, la preposición sirve como enlace entre dos elementos —llamémoslos B y C. **La preposición *para* define una relación entre estos dos elementos de la siguiente forma: el elemento C es la meta del elemento B.**

$$B \rightarrow C$$

Según las características de B y C, la meta puede tener un carácter físico, temporal o metafórico. Si es físico, B se mueve hacia C.

<Javier (B) se fue ayer> <**para** Bogotá (C)>.

<El delantero lanzó el balón (B)> <**para** el gol (C)>.

<El tren (B)> <**para** la capital (C)> sale a las tres.

Calla —<la maestra (B) viene> <**para** acá (C)>.

Para no define por completo la trayectoria entre B y C; es decir, queda abierta la posibilidad de que B no llegue a C. De esta manera distinguimos entre el empleo de la preposición *a* y el de *para*. La preposición *a* define una relación en la que B llega a C.

<Javier (B) se fue ayer> <**a** Bogotá (C)>.

Si Javier se fue ayer *para* Bogotá, existe la posibilidad de que ahora esté en Puerto Rico, con intención de viajar luego a Bogotá. Pero si se fue ayer *a* Bogotá, ya debe encontrarse en esa ciudad.

Si se trata de una relación temporal, el elemento C —la meta— se transforma en un límite temporal. El movimiento físico de B hacia C viene a ser entonces una progresión cronológica.

Necesito el informe **para** el miércoles.

Lo que has de hacer hoy, no lo dejes **para** mañana. (*refrán*)

En estas frases también, la preposición *a* señala una relación mediante la cual se llega al complemento, en este caso el límite temporal. La frase *Llegará a la medianoche* se diferencia de *Llegará para la medianoche* en que la llegada será exactamente a las 12:00 en el primer caso y algo antes de las 12:00 en el segundo.

La relación que se define con *para* establece la posterioridad de C con respecto a B. Si el complemento preposicional es una cláusula, el verbo subordinado se refiere al futuro con respecto a la cláusula principal.

Para que en todas partes quepas, no hables de lo que no sepas. (*refrán*)

Para que el vino sepa a vino, se ha de beber. (*refrán*)

La futuridad relativa de la cláusula subordinada produce el subjuntivo de los verbos *caber* y *saber* de las frases anteriores. Dado el significado de la preposición *para,* la conjunción *para que* rige siempre el subjuntivo: la situación verbal subordinada a *para que* jamás habrá transcurrido en el momento de realizarse la situación verbal principal (veáse el Capítulo 4). Esta relación de posterioridad existe, por supuesto, aun cuando el verbo no está conjugado. El infinitivo nombra una situación verbal a la vez que funciona como sustantivo.

> **Para** ser burro no es menester estudio. (*refrán*)

 Ejercicio 10.3   Conjugue en el subjuntivo los verbos que aparecen en negrita. Fíjese en el verbo de la cláusula principal y elija el tiempo del subjuntivo en ese contexto.

a.   Te voy a dar este disco compacto para que lo **escuchar**.

b.   Pasé mucho tiempo elaborando mi idea para que le **gustar** a mi jefe.

c.   Los anuncios nos manipulan para que **comprar** más de la cuenta.

d.   Para que **funcionar** la democracia, los ciudadanos tienen que votar.

e.   Para que la gente **ir** al cine, se ofrecían premios y descuentos.

f.   Ponen los dibujos animados los sábados por la mañana para que los padres **poder** dormir.

g.   Para que los niños **aprender** la lengua de sus padres, no necesitan clases.

h.   Diseñaron el parque para que **haber** un espacio abierto dentro de la ciudad.

En muchos casos, no es posible separar los aspectos físicos de los temporales. Mientras se progresa hacia una meta, se pasa por el espacio, y este progreso implica inevitablemente el paso por el tiempo. En el siguiente ejemplo, el complemento de *para* es una meta en los dos sentidos, el físico y el temporal.

> **Para** el último viaje, no es menester el equipaje. (*refrán*)

 Ejercicio 10.4   Cada una de las siguientes frases puede completarse de varias maneras. Compare sus respuestas con las de sus compañeros.

a.   La escoba se usa para . . .

b.   Mis padres trabajaron duro para . . .

c.   Si la fiesta empieza a las 8:00, tengo que tener todo listo para . . .

d.   No sabía qué comprar para . . .

e.   Para . . . , es muy alto.

f.   Para . . . , sólo hay que pedir permiso.

g.   El Internet es muy útil para . . .

h.   Hay que entregar el informe el miércoles, así que hay que tener el borrador para . . .

La preposición *por*

En la relación que se llama *para*, los elementos B y C se aproximan, pero no hay contacto entre ellos. En contraste, en la relación que se llama *por*, B y C entran en contacto entre sí.

$$B — C \rightarrow$$

En términos físicos, **B pasa a través del espacio ocupado por C, y por eso la naturaleza de C determina la trayectoria de B**. Según las dimensiones de C, B puede moverse en una, dos o tres dimensiones.

<Las ondas (B) se transmiten> <**por** un alambre (C)>.

<El ladrón (B) entró> <**por** la ventana (C)>.

<Los niños (B) están corriendo> <**por** la playa (C)>.

Al tratarse de una relación estativa entre B y un punto C en el espacio, el elemento B se encuentra cerca de este punto.

<Las llaves (B) deben de estar> <**por** aquí (C)>.

En términos temporales, si el complemento de *por* es un período de tiempo, la acción de la cláusula principal transcurre durante este período.

Por esa época trabajaba día y noche.

Ven mañana **por** la tarde.

Al tratarse de un punto en el tiempo, la situación verbal ocurre alrededor —desde un poco antes hasta un poco después— de este punto.

Por San Marcos (el 25 de abril), agua en los charcos. (*refrán*)

En los casos que hemos examinado y en muchos otros, el elemento C da a otro espacio: las ondas pueden pasar por el alambre a un aparato, el ladrón por la ventana al interior de una casa y los niños por la playa al agua. El espacio contiguo a C puede ser explícitamente señalado, como en los siguientes ejemplos.

Vaya **por** este pasillo y a la derecha.

Antes de llegar a mi casa, tienes que caminar **por** el parque.

El complemento de *por*, entonces, viene a ser una antesala, el espacio por el que se tiene que pasar rumbo a otro sitio. En términos temporales, el complemento de *por* es cronológicamente anterior a otra situación. Es por esto que la cláusula introducida por la preposición *por* se entiende como la causa o fuerza motriz de la cláusula principal.

Por no trabajar, muchos van a cazar o pescar. (*refrán*)

Porque llevártelo no pudiste, al morir lo diste. (*refrán*)

En muchos casos, no es posible separar los aspectos físicos de los temporales; lo temporalmente anterior será necesariamente una causa, y viceversa. En las frases pasivas, por ejemplo, *por* introduce al agente, la entidad que inicia la acción (véase el Capítulo 6).

Cien años de soledad fue escrito **por** García Márquez.

El uso metafórico de *por* se destaca en muchos refranes populares.

El diablo sabe más **por** viejo que **por** diablo. (*refrán*)

Por la buena portada se vende la casa. (*refrán*)

Ejercicio **10.5**   Cada una de las siguientes frases puede completarse de varias maneras. Compare sus respuestas con las de sus compañeros.

a.   Por . . . , me pusieron una multa.

b.   Las cucarachas se escapan por . . .

c.   Por ser norteamericano, . . .

d.   Paco me cae muy bien por . . .

e.   Por . . . se ven unos paisajes preciosos.

f.   Juanín parece más listo de lo que es por . . .

g.   Siempre tenemos mucho trabajo por . . .

h.   Por las navidades . . .

Hay algunos aspectos del significado de *por* que coinciden con el significado de la preposición *de*. **De es conocida como la preposición partitiva, lo que quiere decir que relaciona una parte (B) con la totalidad de la que proviene (C).**

<Marcos (B) es> <**de** Nicaragua (C)>.

<Las mejores guitarras (B) están hechas> <**de** palo de rosa (C)>.

La preposición *de* impone su significado partitivo aun cuando la parte B no está especificada. Por ejemplo, cuando a una persona se le pregunta *¿Quieres de este postre?* no se trata de ofrecerle todo el postre sino sólo una parte.

Puesto que la totalidad es el origen de la parte, *de* parece compartir el significado causativo de *por*. La diferencia es que la relación establecida por *de* es siempre una relación estática. En contraste, el movimiento implícito en la relación llamada *por* produce una verdadera causalidad. El contraste entre *por* y *de* puede apreciarse en los siguientes ejemplos.

Es el diputado **por** la capital.

vs.

Es el diputado **de** la capital.

El diputado por la capital tiene una relación activa con respecto a esa ciudad: representa a los ciudadanos de la capital en la cámara legislativa. En contraste, *el diputado de la capital* ha nacido allí o sencillamente viene de esa ciudad.

La princesa llegó acompañada **por** un italiano.

vs.

La princesa llegó acompañada **de** un italiano.

El italiano es el galán de la princesa en el caso de *por*; la acompaña asidua y personalmente. En el caso de *de*, el italiano acompaña a la princesa de una manera protocolaria; sólo forma parte de su séquito. Una vez más, la relación llamada *por* tiene un matiz activo que no está presente en la relación partitiva llamada *de*.

Ejercicio 10.6 Vuelva a examinar el diálogo entre el cliente y el cajero del Capítulo 3 (página 40). Allí verá varios ejemplos del uso de *de* para señalar origen, constitución y pertenencia. ¿Entiende ahora por qué estas relaciones se consideran partitivas?

El contraste entre *por* y *para*

En resumen, el complemento de *para* es siempre una meta hacia donde se dirige el otro elemento de la relación, ya sea de forma física, temporal o metafórica. El complemento de *por* es traspasado por el otro elemento, y éste luego puede pasar a otro espacio físico, temporal o metafórico. Esta diferencia permite establecer muchos contrastes semánticos.

Las dos frases que aparecen a continuación ejemplifican el contraste de una manera muy clara. Este tipo de frase suele aparecer en las etiquetas que identifican muchos productos de consumo.

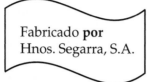 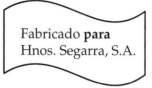

Fabricado **por**
Hnos. Segarra, S.A.

Fabricado **para**
Hnos. Segarra, S.A.

Si Hermanos Segarra es el productor del producto, se utiliza *por*. Pero si el producto fue hecho por otros con el fin de que Hermanos Segarra lo vendiera, se dice que fue hecho *para* ellos.

El mismo contraste se da en términos temporales.

Javier ha dejado el trabajo **por** ahora.

vs.

Javier ha dejado el trabajo **para** ahora.

En el primer caso, el ocio de Javier empieza en el presente y se extiende hacia el futuro; con *para*, su ocio termina en el presente.

El contraste señalado a continuación es más abstracto, pero responde a los mismos criterios.

Por ser religioso, Juancho es bastante honesto.

vs.

Para ser religioso, Juancho es bastante honesto.

En el primer caso, se dice que Juancho es honesto debido a sus creencias religiosas. Se parte del hecho de que Juancho es una persona religiosa, y el empleo de *por* establece una relación causativa entre la religión y la honestidad. En el segundo caso, el hablante compara a Juancho con la típica persona religiosa y dice que Juancho es más honesto que el prototipo. Es decir, Juancho no es como el prototipo en todos los sentidos, pero sí se le aproxima en su honestidad. Tal como se esperaría, la preposición *para* establece un desfase entre su complemento y la cláusula principal.

El papel de causa que desempeña el complemento de *por* lo distingue del complemento de *para*, que desempeña el papel de resultado. Gráficamente, se puede contrastar las dos preposiciones así: *por*/causa = *para*/resultado.

Te lo compré **por**que te hacía ilusión.

vs.

Te lo compré **para** que te hiciera ilusión.

Aunque se suele emplear el indicativo después de *porque*, también puede aparecer el subjuntivo. En la frase *Marinés está ansiosa por que llegue la primavera*, la preposición sigue siendo causativa, pero en este caso es algo irreal —la primavera que aún no ha llegado— lo que produce la ansiedad.

Hay un contraste en el que participan las preposiciones *por* y *para* que ha suscitado el comentario erróneo de que las dos preposiciones quieren decir prácticamente lo mismo.

Todo lo que hace Susana, lo hace **por** sus hijos.

vs.

Todo lo que hace Susana, lo hace **para** sus hijos.

Lo que hace Susana es inspirado en sus hijos en el caso de *por*, o sea que el complemento de *por* desempeña un papel causativo en este caso, como en muchos otros. Se puede inferir que los hijos sacan algún beneficio de lo que hace Susana, aunque esto no queda explícito. Por otro lado, la frase con *para* significa explícitamente que los hijos reciben los beneficios de lo que hace su madre, debido al papel de meta desempeñado por el complemento de *para*. Entonces, no se trata aquí de una neutralización de significado preposicional sino de una coincidencia parcial de dos relaciones.

Ejercicio **10.7** Elija entre *por* y *para* para completar los espacios en blanco. Si no sabe qué preposición elegir, consulte las pistas que aparecen entre paréntesis.

(*Después de las navidades*)

ROSALÍA: ¿Qué le vas a comprar a Jorge _____ su cumpleaños? (*El cumpleaños produce la compra del regalo.*)

BEATRIZ: ¡Dios mío! Tengo tantos primos que se me había olvidado. Pero a lo mejor encuentro algo en las rebajas _____ poco dinero. (*La entrega del dinero produce la transacción.*)

ROSALÍA: Mira, iba a devolver este libro pero si quieres te lo dejo _____ que se lo regales. (*El acto de regalarle el libro todavía no se ha producido.*)

BEATRIZ: *El beso de la mujer araña.* ¿No te gusta Puig?

ROSALÍA: Si, me gusta mucho, y _____ eso me había comprado el libro antes de que me lo regalara Manuel. (*Su aprecio por Puig motivó su compra.*)

BEATRIZ: Lo más probable es que lo tenga Jorge también. _____ ingeniero, lee mucho. (*Comparado con otros ingenieros, lee mucho.*)

ROSALÍA: Lee, sí, pero sólo lee novelas policíacas. No tendrá nada de Puig. Dáselo, y si no le gusta, que lo devuelva él. Quedará impresionado _____ tu cultura. (*Su cultura producirá la impresión.*)

BEATRIZ: Bueno, me has convencido. ¿Qué te debo _____ este bonito regalo? (*El regalo produce la deuda.*)

ROSALÍA: Nada.

BEATRIZ: Bueno, gracias _____ el libro y _____ tu generosidad. (*Lo que ha hecho Rosalía motiva el agradecimiento de Beatriz.*)

Las conjunciones *porque* y *para que*

Hasta ahora, todo lo que aparece tras una preposición se ha analizado como un sustantivo. Por ejemplo, la frase *Te lo compré porque te hacía ilusión* se puede analizar de la siguiente manera:

<Te lo compré> **por** <que te hacía ilusión [*cláusula nominal*]>.

Hay también otro análisis, sugerido por la ortografía de la palabra *porque*: la combinación de *por* + *que* puede considerarse una **conjunción**, o sea **una palabra o expresión que liga una oración con otra**. Según este análisis, la frase se dividiría de otra manera:

<Te lo compré> **porque** <te hacía ilusión [*oración*]>.

Evidentemente, los dos análisis son válidos. La ortografía a veces separa *por* de *que*: la variante interrogativa de *porque* es *por qué*, y se puede separar *por* de *que* cuando el verbo en la cláusula subordinada está en el subjuntivo. Entonces, se trata de reconocer que la estructura interna de la frase preposicional admite más de un análisis, sea cual sea la función de la frase preposicional (adverbial o adjetiva).

De la misma manera, *para* puede analizarse como una preposición que introduce un complemento nominal o como parte de la conjunción *para que*.

<Lo compré> **para** <que te hiciera ilusión [*cláusula nominal*]>.

vs.

<Lo compré> **para** que <te hiciera ilusión [*oración*]>.

Investigación

1. Vuelva a leer el cuento del Ejercicio 10.1 donde se usa la preposición *por* dos veces. ¿Puede Ud. explicar estos usos, basándose en lo que ha aprendido en este capítulo?

2. Aquí aparecen algunos refranes tomados de la tradición oral. Cada refrán encierra un consejo. ¿Se debe usar *por* o *para* para comunicar el consejo? En algunos casos (b. y f.) parece que se puede utilizar o *por* o *para*, pero los significados no serían iguales. ¿Cuáles son estos significados? ¿Cómo será el verdadero refrán?

   a. _____ lo estrecho se va al cielo, y _____ lo ancho al infierno.
   b. _____ mirar a la luna, caí en la laguna.
   c. _____ llenar de almas el infierno, inventó el diablo el dinero.
   d. _____ Dios dejan los huesos los que al diablo la carne dieron.
   e. _____ los pobres agricultores son ricos los señores.
   f. _____ la muerte, no hay hombre fuerte.
   g. _____ mentir y comer pescado, hay que tener mucho cuidado.
   h. _____ el equipaje se conoce al pasajero.

3. Complete el siguiente párrafo empleando *por* o *para*. Lea el párrafo antes de elegir: hay que saber cómo es una relación antes de fijarle un nombre preposicional.

Los premios Nobel hispanoamericanos

A cinco escritores hispanoamericanos se les ha otorgado el Premio Nobel de literatura, reconociendo así la obra de Miguel Angel Asturias, Gabriela Mistral, Pablo Neruda, Gabriel García Márquez y Octavio Paz. ¿_____ qué será que Hispanoamérica ha producido tanta literatura de tan alta calidad? Seguro que estos autores no escriben _____ un gran número de lectores —por lo menos en sus propios países. _____ una serie de razones —entre ellas el alto índice de analfabetismo en Latinoamérica, la relativa escasez de editoriales y la falta de dinero _____ la compra de libros— sólo algunos de sus conciudadanos tienen acceso a sus escritos. Puede ser que la angustia social haya agudizado la sensibilidad del escritor hispanoamericano, tal como ha sucedido en el mundo literario del Sur de los Estados Unidos. El caso es que _____ mucha gente, humildes lectores e insignes críticos, la literatura hispanoamericana representa una incomparable fusion de sensibilidad humana y originalidad estética. Y _____ el cineasta, García Márquez se dedica ahora a dirigir un taller que produce guiones de películas y telenovelas. El autor colombiano aspira así a difundir su arte _____ otras vías de comunicación.

4. Mientras que en inglés la preposición puede aparecer al final de
    la frase, en español debe colocarse delante de su complemento.
    Traduzca estas frases al español y coloque la preposición en el sitio
    adecuado. Hay que emplear las preposiciones *a*, *de* y *con*, además de
    por y *para*.

    a. *What did you do that* **for?**
    b. *I don't remember who I gave it* **to.**
    c. *I'd like to know what this soup is made* **of.**
    d. *This movie isn't worth going out of the house* **for.**
    e. *My cousin studies at the same school his mother went* **to.**
    f. *Making cookies is what I bought the raisins* **for.**
    g. *David is somebody I'd like to go out* **with.**
    h. *That's the man that my father works* **for.**

Práctica oral

Con un compañero de clase, invente una frase que funcione como la
primera parte de cada diálogo. Luego, lean los diálogos en voz alta, fijándose en los usos de *por* y *para*.

> **A:**
> **B:** ¡**Por** Dios, no seas tan tonto(-a)!
>
> **A:**
> **B: Por** muy guapo que sea, no me cae bien.
>
> **A:**
> **B:** Bueno, empecemos **por** lo más importante.
>
> **A:**
> **B:** Lo reconocí **por** la gorra de béisbol.
>
> **A:**
> **B:** Las verduras son muy importantes **para** la salud.
>
> **A:**
> **B:** Tenemos suficiente **para** hoy, pero nada más.
>
> **A:**
> **B:** Pruébalo —es **para** chuparte los dedos.
>
> **A:**
> **B: Para** una persona tan tímida, tiene que ser difícil.

Lectura guiada

Vuelva a leer *Continuidad de los parques,* y localice en el texto los siguientes ejemplos del uso de *por* y *para*. Basándose en lo que ha aprendido en este capítulo, decida cómo cada ejemplo ejemplifica el significado general de la preposición.

Por:

a. la abandonó **por** negocios urgentes

b. se dejaba interesar lentamente **por** la trama, **por** el dibujo de los personajes

c. absorbido **por** la sórdida disyuntiva de los héroes

d. lastimada la cara **por** el chicotazo de una rama

e. protegida **por** un mundo de hojas secas y senderos furtivos

f. corría **por** las páginas como un arroyo de serpientes

g. ella debía seguir **por** la senda que iba al norte

Para:

a. No había venido **para** repetir las ceremonias de una pasión secreta

b. se interrumpía apenas **para** que una mano acariciara una mejilla

c. él se volvió un instante **para** verla correr

Lecturas

Águeda

Pío Baroja y Nessi

Pío Baroja (1872–1956) fue una de las figuras literarias españolas más importantes de la primera parte del siglo pasado, y su copiosa producción literaria abarca casi todos los géneros. Este cuento temprano, de la colección acertadamente titulada Vidas Sombrías, *ejemplifica la cuidadosa ambientación de toda la obra barojiana.*

Sentada junto a los cristales, con la almohadilla de hacer **encaje**[1] apoyada en una madera del balcón, hacía saltar los pedacillos de **boj**[2] entre sus dedos. Los hilos se entrecruzaban con fantásticos **arabescos**[3] sobre el cartón rojo **cuajado**[4] de alfileres, y la danza rápida de los trocitos de madera entre sus manos producía un ruido de huesos claro y vibrante.

Cuando se cansaba de hacer encaje cogía un **bastidor**[5] grande, cubierto con papeles blancos, y se ponía a bordar con la cabeza inclinada sobre la tela.

Era una muchacha rubia, angulosa. Tenía uno de los hombros más alto que el otro; sus cabellos eran de tono **bermejo;**[6] las facciones desdibujadas y sin forma.

El cuarto en donde estaba era grande y algo oscuro. Se respiraba allí dentro un aire de **vetustez.**[7] Los cortinones amarilleaban, las pinturas de las puertas y el balcón se habían **desconchado**[8] y la alfombra estaba **raída**[9] y sin brillo.

Frente al balcón se veía un **solar,**[10] y hacia la derecha de éste una plaza de un barrio solitario y poco transitado del centro de Madrid.

---

[1]**el encaje:** tela transparente que sirve para adornar sábanas y vestidos de novia
[2]**el boj:** madera dura
[3]**el arabesco:** adorno o dibujo caprichoso
[4]**cuajado(-a):** cubierto por completo, recargado
[5]**el bastidor:** marco que sirve para aguantar los bordados mientras se trabajan
[6]**bermejo(-a):** rojo
[7]**la vetustez:** vejez exagerada
[8]**desconchar:** quitar parte del esmalte
[9]**raído(-a):** gastado
[10]**el solar:** terreno donde se va a edificar

El solar era grande, rectangular; dos de sus lados los constituían las paredes de unas casas vecinas, de esas modernas, sórdidas, miserables, que parecen viejas a los pocos meses de construidas.

Los otros lados los formaban una **empalizada**[11] de tablas, a las cuales el calor y la lluvia iban **carcomiendo**[12] poco a poco.

La plaza era grande e irregular; en un lado tenía la **tapia**[13] de un convento con su iglesia; en otro una antigua casa **solariega**[14] con las ventanas siempre cerradas herméticamente; el tercero lo constituía la empalizada del solar.

En invierno el solar se entristecía; pero llegaba la primavera y los **hierbajos**[15] daban flores y los **gorriones**[16] hacían sus nidos entre las **vigas**[17] y los **escombros,**[18] y las mariposas blancas y amarillas, paseaban por el aire limpio y vibrante, las ansias de sus primeros y últimos amores . . .

La muchacha rubia se llamaba Águeda y tenía otras dos hermanas.

Su padre era un hombre **apocado,**[19] sin energía; un coleccionador de **bagatelas,**[20] fotografías de actrices y estampas de cajas de fósforos. Tenía una mediana **renta**[21] y un buen sueldo.

La madre era la dueña absoluta de la casa, y con ella compartía su dominio Luisa, la hermana mayor.

De los tres dominados de la familia, Matilde, la otra hermana, protestaba; el padre se refugiaba en sus colecciones, y Águeda sufría y se resignaba. No entraba ésta nunca en las combinaciones de sus dos mayores hermanas que con su madre iban, en cambio, a todas partes.

Águeda tenía esa timidez que dan los defectos físicos, cuando el alma no está llena de rebeldías. Se había acostumbrado a decir que no a todo lo que **transcendiera**[22] a diversión.

—¿Quieres venir al teatro? —le decían con cariño, pero deseando que dijera que no.

Y ella, que lo comprendía, contestaba sonriendo:

—Otra noche.

---

[11]**la empalizada:** cerca hecha de palos
[12]**carcomer:** podrir, echarse a perder (dicho de la madera)
[13]**la tapia:** pared hecha de tierra o adobe
[14]**solariego(-a):** antiguo, noble
[15]**el hierbajo:** mala hierba
[16]**el gorrión:** pájaro de plumaje gris oscuro
[17]**la viga:** madera que aguanta los techos y el tejado de un edificio
[18]**el escombro:** desecho, desperdicio
[19]**apocado(-a):** de poco ánimo
[20]**la bagatela:** cosita frívola
[21]**la renta:** fuente de capital
[22]**trascender (antiguamente *transcender*):** tener consecuencias

En visita era una de **elogios**[23] para ella, que la turbaban. Su madre y sus hermanas a coro aseguraban que era una joya, un encanto, y le hacían enseñar sus bordados y tocar el piano, y ella sonreía; pero después, sola en su cuarto, lloraba . . .

La familia tenía muchas relaciones, y se pasaban los días, la madre y las dos hijas mayores, haciendo visitas, mientras la pequeña disponía lo que había que hacer en la casa. Entre los amigos de la familia había un abogado joven, de algún talento. Era un hombre de inteligencia sólida y de una ambición **desmesurada**.[24] Más amable o menos superficial que los otros, gustaba hablar con Águeda, que cuando le daban confianza se mostraba tal como era, llena de ingenuidad y de gracia.

El abogado no advertía que la muchacha ponía toda su alma cuando le escuchaba; para él era un entretenimiento hablar con ella. Al cabo de algún tiempo comenzaron a extrañarse; Águeda estaba muy alegre, solía cantar por las mañanas y se adornaba con más coquetería.

Una noche el abogado le preguntó a Águeda sonriendo, si le gustaría que él formase parte de la familia; Águeda, al oírlo, se turbó; la luz de la sala dio vueltas ante sus ojos y se dividió en mil y mil luces . . .

—He pedido a sus papás la mano de Luisa —concluyó el abogado. Águeda se puso muy pálida y no contestó.

Se encerró en su cuarto y pasó la noche llorando.

Al día siguiente, Luisa, su hermana, le contó lo que le había pasado, cómo habían ocultado su novio y ella sus amores, hasta que él consiguió un puesto que ambicionaba. La boda sería en otoño; había que empezar a preparar los **ajuares**.[25] La ropa blanca se enviaría a que la bordase una bordadora; pero quería que los almohadones y la **colcha**[26] para la cama del matrimonio se los bordase su hermanita Águeda.

Esta no se opuso y comenzó con tristeza su trabajo.

Mientras junto al balcón hacía saltar los pedacillos de boj entre sus dedos, cada pensamiento suyo era un dolor. Veía en el porvenir su vida, una vida triste y monótona. Ella también soñaba en el amor y en la maternidad, y si no lloraba en aquellos momentos al ver la indiferencia de los demás, era para que sus lágrimas no dejasen huellas en el bordado.

A veces una esperanza loca le hacía creer que allá, en aquella plaza triste, estaba el hombre a quien esperaba; un hombre fuerte para respetarle, bueno para amarle; un hombre que venía a buscarla, porque

---

[23]**el elogio:** testimonio de mérito, alabanza
[24]**desmesurado(-a):** excesivo
[25]**el ajuar:** pertenencias, sobre todo ropas, que reúne la novia antes de casarse
[26]**la colcha:** cubrecama

adivinaba los tesoros de ternura que guardaba en su alma; un hombre que iba a contarle en voz baja y suave los misterios inefables del amor.

Y por la plaza triste pasaban a ciertas horas, como seres cansados por la **pesadumbre**[27] de la vida, algunos hombres cabizbajos que salían del almacén o del escritorio, pálidos, **enclenques**,[28] **envilecidos**[29] como animales domesticados, y el hombre fuerte para respetarle, bueno para quererle, no venía, por más que el corazón de Águeda le llamaba a gritos.

Y en el solar, lleno de flores silvestres, las abejas y los moscones revoloteaban sobre los escombros y las mariposas blancas y amarillas paseaban por el aire limpio y vibrante, las ansias de sus primeros y últimos amores . . .

---

[27]**la pesadumbre:** tristeza
[28]**enclenque:** enfermizo
[29]**envilecido(-a):** degradado

Temas de redacción

1. A Águeda le llega un momento en que se le cae la venda de los ojos, y se da cuenta de que ha entendido mal al novio de su hermana. Describa una situación que entendió mal Ud. y el momento en que se le cayó la venda de los ojos.

   Atajo   *Phrases:* describing the past, sequencing events, talking about past events
   Vocabulary: emotions

2. En este cuento Baroja describe con detalle varios lugares que forman parte de la experiencia diaria de Águeda: su cuarto, el solar de delante, la plaza al lado del solar. Piense en algún sitio que Ud. conoce bien y descríbalo de manera que una persona que no haya estado allí sepa cómo es.

   Atajo   *Phrases:* describing places
   Vocabulary: house

Continuidad de los parques

Julio Cortázar

Aunque el argentino Julio Cortázar (1914–1984) vivió más de 30 años en Europa, comparte con sus compatriotas un afán por descubrir o definir la realidad argentina. En este cuento se destacan su preocupación por los límites de la realidad y su habilidad para involucrar al lector en el acto de crear literatura.

Había empezado a leer la novela unos días antes. La abandonó por negocios urgentes, volvió a abrirla cuando regresaba en tren a la finca; se dejaba interesar lentamente por la **trama**,[1] por el dibujo de los personajes. Esa tarde, después de escribir una carta a su **apoderado**[2] y discutir con el mayordomo una cuestión de **aparcerías**,[3] volvió al libro en la tranquilidad del estudio que miraba hacia el parque de los robles. **Arrellanado**[4] en su sillón favorito, de espaldas a la puerta que lo hubiera molestado como una irritante posibilidad de intrusiones, dejó que su mano izquierda acariciara una y otra vez el **terciopelo**[5] verde y se puso a leer los últimos capítulos. Su memoria retenía sin esfuerzo los nombres y las imágenes de los protagonistas; la ilusión novelesca lo ganó casi en seguida. Gozaba del placer casi perverso de irse **desgajando**[6] línea a línea de lo que lo rodeaba, y sentir a la vez que su cabeza descansaba cómodamente en el terciopelo del alto respaldo, que los cigarrillos seguían al alcance de la mano, que más allá de los ventanales danzaba el aire del atardecer bajo los **robles**.[7] Palabra a palabra, absorbido por la sórdida **disyuntiva**[8] de los héroes, dejándose ir hacia las imágenes que se concertaban y adquirían color y movimiento, fue testigo del último encuentro en la cabaña del monte. Primero entraba la mujer, recelosa; ahora llegaba el amante, lastimada la cara por el **chicotazo**[9] de una rama. Admirablemente **restañaba**[10] ella la sangre con sus besos, pero él rechazaba las caricias, no había venido para repetir las ceremonias de una pasión secreta, protegida

---

[1] **la trama:** hilo narrativo
[2] **el apoderado:** el que tiene poder para representar a otra persona
[3] **la aparcería:** contrato para repartir los beneficios de la agricultura entre el dueño y el campesino
[4] **arrellanado(-a):** extendido cómodamente
[5] **el terciopelo:** tela tupida y velluda por una cara
[6] **desgajar:** separar
[7] **el roble:** árbol de madera dura
[8] **la disyuntiva:** dilema
[9] **el chicotazo:** golpe dado con un látigo
[10] **restañar:** parar (de sangrar)

por un mundo de hojas secas y senderos furtivos. El **puñal**[11] se entibiaba contra su pecho, y debajo latía la libertad **agazapada**.[12] Un diálogo **anhelante**[13] corría por las páginas como un arroyo de serpientes, y se sentía que todo estaba decidido desde siempre. Hasta esas caricias que enredaban el cuerpo del amante como queriendo retenerlo y disuadirlo, dibujaban abominablemente la figura de otro cuerpo que era necesario destruir. Nada había sido olvidado: **coartadas**,[14] **azares**,[15] posibles errores. A partir de esa hora cada instante tenía su empleo minuciosamente atribuido. El doble repaso **despiadado**[16] se interrumpía apenas para que una mano acariciara una mejilla. Empezaba a anochecer.

Sin mirarse ya, atados rígidamente a la tarea que los esperaba, se separaron en la puerta de la cabaña. Ella debía seguir por la senda que iba al norte. Desde la senda opuesta él se volvió un instante para verla correr con el pelo suelto. Corrió a su vez, **parapetándose**[17] en los árboles y los **setos**,[18] hasta distinguir en la bruma malva del crepúsculo la alameda que llevaba a la casa. Los perros no debían ladrar, y no ladraron. El mayordomo no estaría a esa hora, y no estaba. Subió los tres peldaños del porche y entró. Desde la sangre galopando en sus oídos le llegaban las palabras de la mujer: primero una sala azul, después una galería, una escalera alfombrada. En lo alto, dos puertas. Nadie en la primera habitación, nadie en la segunda. La puerta del salón, y entonces el puñal en la mano, la luz de los ventanales, el alto respaldo de un sillón de terciopelo verde, la cabeza del hombre en el sillón leyendo una novela.

---

[11]**el puñal:** daga, machete puntiagudo
[12]**agazapado(-a):** agachado para esconderse
[13]**anhelante:** ansioso
[14]**la coartada:** estar en otro sitio en el momento en que se comete un delito
[15]**el azar:** factor imprevisto
[16]**despiadado(-a):** cruel
[17]**parapetarse:** protegerse
[18]**el seto:** arbusto que se utiliza para circundar una propiedad

Temas de redacción

1. Explique por qué Cortázar usa el imperfecto (y no el pretérito) para describir los incidentes de la novela leída por el protagonista de *Continuidad de los parques*. En otras palabras, ¿cuál es el paralelismo entre el significado del imperfecto y la irrealidad de un mundo ficticio?

   Atajo   *Phrases:* writing about theme, plot or scene

2. Muchos lectores de *Continuidad de los parques* han comentado que el cuento les da escalofríos. El cuento describe el asesinato de un personaje ficticio; explique por qué le daría miedo a un lector real.

   Atajo   *Phrases:* expressing an opinion
   Vocabulary: emotions

La enemiga

Virgilio Díaz Grullón

El dominicano Virgilio Díaz Grullón (1924–2001) supo compaginar su amor por la literatura con su profesión de banquero y escribió abundante prosa y ficción. La sencillez y la sutileza que caracterizan a La enemiga *hacen que sea uno de los cuentos más comentados del autor.*

Recuerdo muy bien el día en que papá trajo la primera **muñeca**[1] en una caja grande de cartón envuelta en papel de muchos colores y atada con una cinta roja, aunque yo estaba entonces muy lejos de imaginar cuánto iba a cambiar todo como consecuencia de esa llegada inesperada.

Aquel mismo día comenzaban nuestras vacaciones y mi hermana Esther y yo teníamos planeadas un montón de cosas para hacer en el verano, como, por ejemplo, la construcción de un refugio en la rama más gruesa de la **mata**[2] de jobo, la cacería de mariposas, la organización de nuestra colección de sellos y las prácticas de béisbol en el patio de la casa, sin contar las idas al cine en las tardes de domingo. Nuestro vecinito de enfrente se había ido ya con su familia a pasar las vacaciones en la playa y esto me dejaba a Esther para mí solo durante todo el verano.

Esther cumplía seis años el día en que papá llegó a casa con el regalo. Mi hermana estaba excitadísima mientras desataba nerviosamente la cinta y rompía el envoltorio. Yo me **asomé**[3] por encima de su hombro y observé cómo iba surgiendo de los papeles arrugados aquel **adefesio**[4] ridículo vestido con un trajecito azul que le dejaba al aire una buena parte de las piernas y los brazos de goma. La cabeza era de un material duro y blanco y en el centro de la cara tenía una estúpida sonrisa petrificada que odié desde el primer momento.

Cuando Esther sacó la muñeca de la caja vi que sus ojos, provistos de negras y gruesas pestañas que parecían humanas, se abrían o cerraban según se la inclinara hacia atrás o hacia adelante y que aquella idiotez se producía al mismo tiempo que un **tenue**[5] **vagido**[6] que parecía salir de su vientre invisible.

---

[1]**la muñeca:** juguete infantil en forma de bebé
[2]**la mata:** árbol
[3]**asomarse:** empezar a mostrarse
[4]**el adefesio:** persona absurda
[5]**tenue:** delicado, débil
[6]**el vagido:** llanto del recién nacido

Mi hermana recibió su regalo con un entusiasmo exagerado. Brincó de alegría al comprobar el contenido del paquete y cuando terminó de desempacarlo tomó la muñeca en brazos y salió corriendo hacia el patio. Yo no la seguí y pasé el resto del día **deambulando**[7] por la casa sin hacer nada en especial.

Esther comió y cenó aquel día con la muñeca en el **regazo**[8] y se fue con ella a la cama sin acordarse de que habíamos convenido en clasificar esa noche los sellos africanos que habíamos **canjeado**[9] la **víspera**[10] por los que teníamos repetidos de América del Sur.

Nada cambió durante los días siguientes. Esther se concentró en su nuevo juguete en forma tan absorbente que apenas nos veíamos en las horas de comida. Yo estaba realmente preocupado, y con razón, en vista de las ilusiones que me había **forjado**[11] de tenerla a mi disposición durante las vacaciones. No podía construir el refugio sin su ayuda y me era imposible ocuparme yo solo de la caza de mariposas y de la clasificación de los sellos, aparte de que me aburría mortalmente tirar hacia arriba la pelota de béisbol y **apararla**[12] yo mismo.

Al cuarto día de la llegada de la muñeca ya estaba convencido de que tenía que hacer algo para retornar las cosas a la normalidad que su presencia había interrumpido. Dos días después sabía exactamente qué. Esa misma noche, cuando todos dormían en la casa, entré **de puntillas**[13] en la habitación de Esther y tomé la muñeca de su lado sin despertar a mi hermana a pesar del triste vagido que produjo a moverla. Pasé sin hacer ruido al cuarto donde papá guarda su caja de herramientas y cogí el cuchillo de monte y el más pesado de los martillos y, todavía de puntillas, tomé una toalla del cuarto de baño y me fui al fondo del patio, junto al **pozo**[14] muerto que ya nadie usa. Puse la toalla abierta sobre la **yerba**,[15] coloqué en ella la muñeca —que cerró los ojos como si presintiera el peligro— y de tres violentos martillazos le pulvericé la cabeza. Luego desarticulé con el cuchillo las cuatro extremidades y, después de sobreponerme al susto que me dio oír el vagido por última vez, descuarticé el torso, los brazos y las piernas convirtiéndolos en un

---

[7]**deambular:** caminar sin rumbo
[8]**el regazo:** parte del cuerpo humano donde se sienta a un niño
[9]**canjear:** cambiar
[10]**la víspera:** día anterior
[11]**forjar:** inventar
[12]**aparar:** coger
[13]**de puntillas:** sobre la punta de los pies
[14]**el pozo:** hoyo que se hace en la tierra para sacar agua
[15]**la yerba:** hierba

montón de piececitas menudas. Entonces enrollé la toalla envolviendo los **despojos**[16] y tiré el bulto completo por el negro agujero del pozo. Tan pronto regresé a mi cama me dormí profundamente por primera vez un mucho tiempo.

Los tres días siguientes fueron de duelo para Esther. Lloraba sin consuelo y me rehuía continuamente. Pero a pesar de sus lágrimas y de sus reclamos insistentes no pudo convencer a mis padres de que le habían robado la muñeca mientras dormía y ellos persistieron en su creencia de que la había dejado por descuido en el patio la noche anterior a su desaparición. En esos días mi hermana me miraba con un **atisbo**[17] de desconfianza en los ojos pero nunca me acusó abiertamente de nada.

Después las aguas volvieron a su nivel y Esther no mencionó más la muñeca. El resto de las vacaciones fue transcurriendo plácidamente y ya a mediados del verano habíamos terminado el refugio y allí pasábamos muchas horas del día pegando nuestros sellos en el álbum y organizando la colección de mariposas.

Fue hacia fines del verano cuando llegó la segunda muñeca. Esta vez fue mamá quien la trajo y no vino dentro de una caja de cartón, como la otra, sino envuelta en una frazada color de rosa. Esther y yo presenciamos cómo mamá la colocaba con mucho cuidado en su propia cama hablándole con voz suave, como si ella pudiese oírla. En ese momento, mirando de reojo a Esther, descubrí en su actitud un sospechoso interés por el nuevo juguete que me ha convencido de que debo librarme también de este otro **estorbo**[18] antes de que me arruine el final de las vacaciones. A pesar de que adivino esta vez una secreta complicidad entre mamá y Esther para proteger la segunda muñeca, no me siento pesimista: ambas se duermen profundamente por las noches, la caja de herramientas de papá está en el mismo lugar y, después de todo, yo ya tengo experiencia en la solución del problema.

---

[16]**el despojo:** resto
[17]**el atisbo:** idea vaga
[18]**el estorbo:** obstáculo

Temas de redacción

1. En este cuento el narrador está convencido en todo momento de que actúa de manera razonable, aunque lo que hace —y lo que va a hacer— es una barbaridad. Describa una situación real (o cinematográfica o literaria) en que el protagonista esté convencido de que tiene razón frente a toda lógica ajena.

    Atajo *Phrases:* describing people, talking about films, writing about theme, plot or scene
    Vocabulary: dreams and aspirations, emotions, personality

2. El narrador del cuento tiene sus planes para el verano y está dispuesto a todo para que se lleven a cabo. Ese tipo de rigidez no es inusual, aunque no suele llegar a tal extremo. Describa a una persona (real o ficticio) que tenga una personalidad de ese tipo.

    Atajo *Phrases:* comparing and contrasting, describing people
    Vocabulary: dreams and aspirations, emotions, personality

Ella no se fijaba

Juan José Millás

Juan José Millás nació en España en 1946. Además de colaborar en periódicos y revistas, es conocido por su narración intimista. Muchos de sus protagonistas, como los de este cuento, padecen un malestar existencial.

Él se levantó **aturdido**[1] y llegó a la oficina tarde y sin afeitar. Supo en seguida que tenía frente a sí una jornada difícil, de la que podría salir dañado si no era capaz de articular algún sistema capaz de defenderle de sus propios pensamientos. Pero no tenía ganas de articular ningún sistema. La lectura del periódico, lejos de conectarle con la realidad inmediata, lo separó del mundo, de las leyes, de las ambiciones, del amor . . . Todo era **ajeno**,[2] excepto la sensación de estar sumergido en un mar oscuro y frío en el que, con los ojos abiertos, buscaba un resto de su propia existencia, o de su propia historia, en el que reconocerse y **perecer**.[3]

Por la tarde pensó en ella y decidió hacerle un regalo, pero no encontró en las tiendas nada que no le devolviera esa sensación de **decorado**[4] que tenía la vida. Finalmente entró en un establecimiento de disfraces y se compró un **bigote**[5] **postizo**[6] y unas gafas. Luego, en los lavabos de un bar, se colocó el bigote —guardando las gafas para otra ocasión— y salió a la calle con la sensación de ser otro. Cuando llegó a casa tocó el timbre y escuchó el **taconeo**[7] de ella por el pasillo. Estaba excitado por la sorpresa que habría de producir su nuevo rostro. Ella le abrió la puerta e intercambió con él un beso rutinario, pero no pareció **reparar en**[8] el bigote. Hicieron la cena juntos, comentando sin pasión las incidencias de la jornada, y a eso de las diez y media de la noche se sentaron a ver la televisión sin que ella hubiera

---

[1]**aturdido(-a):** perturbado
[2]**ajeno(-a):** desconectado, alejado
[3]**perecer:** morir
[4]**el decorado:** escenario donde se presenta una obra de teatro
[5]**el bigote:** pelo que cubre el labio superior
[6]**postizo(-a):** artificial
[7]**el taconeo:** sonido producido por los tacones de los zapatos
[8]**reparar en:** notar

hecho ningún comentario sobre el aspecto de su rostro. Finalmente, en el primer descanso del programa, él abordó la cuestión:

—¿No me notas nada? —dijo él.

—No sé, tienes cara de cansado —respondió ella.

—El bigote —insistió él—, ¿no te has dado cuenta de que llevo bigote? Ella lo observó con una sonrisa artificial y dijo:

—Es verdad, ya decía yo que te notaba algo extraño.

Al día siguiente él se quitó el bigote, que se había desplazado de lugar durante la noche, y se puso las gafas. Mientras desayunaban, intentó inútilmente que ella reparara en este nuevo cambio, pero no sucedió nada. En la segunda tostada no pudo contenerse. Dijo:

—¿No me notas nada raro?

Ella lo observó con una expresión que **delataba**[9] algún grado de sufrimiento.

Después, como liberada de un peso excesivo, dijo:

—Ya lo sé, el bigote. Te has afeitado el bigote.

Él no dijo nada. **Apuró**[10] el café y miró a través de la ventana el día recién amanecido. El invierno **asomaba**[11] su rostro por encima de los árboles y la casa estaba fría, como su pensamiento. Le **acometió**[12] una sensación de inutilidad que habría de acompañarle toda la jornada. Ella encendió la radio que había sobre la nevera y se sentó a fumar el primer cigarrillo. Parecía encontrarse bien.

—¿No te has fijado en mis gafas? —dijo él.

—Perdona —respondió ella intentando ser amable—, no me había dado cuenta de que las has cambiado.

—Nunca he llevado gafas —murmuró él **sombríamente.**[13] Luego se levantó, acabó de arreglarse y se marchó.

Cuando llegó al portal advirtió que el día estaba nublado, de manera que regresó a por el paraguas. Ella estaba hablando por teléfono y no le prestó mucha atención. Se despidieron con un **leve**[14] gesto. Ya en el ascensor le asaltó la idea de que ella no hablaba con nadie, pero no encontró justificación a este pensamiento. Al llegar a la oficina telefoneó a casa, pero estaba comunicando. Esperó media hora y lo volvió a intentar.

—Diga —respondió ella con voz neutra.

—Hola, soy yo. ¿Con quién hablabas por teléfono?

—Te estaba llamando a ti —dijo, y él supo que mentía—, pero también comunicabas.

---

[9]**delatar:** revelar

[10]**apurar:** acabar

[11]**asomar:** empezar a mostrar

[12]**acometer:** atacar

[13]**sombríamente:** de manera melancólica

[14]**leve:** mínimo

—¿Querías algo?

—No sé, ahora no me acuerdo.

—Ya —dijo él.

El silencio fluyó de uno a otro lado produciendo un aliento frío que le **rozó**[15] el cuello. Había empezado a llover y el día iba a ser definitivamente oscuro. La oficina tenía todas las luces encendidas. Él pensó en los días del sol, en el mar. Dijo:

—Ha empezado a llover.

—Creo que sí —respondió ella—, lo han dicho en la radio.

—No tenías más que mirar por la ventana.

—No me gustan las ventanas —concluyó ella con un tono de urgencia en la voz. Y ahora, perdona, pero tengo cosas que hacer; no vengas muy tarde.

Él colgó y se puso a revolver papeles mientras se reafirmaba en la idea de que la vida era inútil, pero rara, y **de súbito**[16] pensó que tal vez ella se hubiera quedado ciega y no le hubiera dicho nada a él para no hacerle sufrir. La idea era absurda, pero se entretuvo un buen rato con ella dándole varias vueltas y contemplándola desde diferentes lugares. Imaginó la vida de una pareja en la que los dos se quedan ciegos a la vez, ocultándoselo mutuamente para no hacer sufrir al otro. Durante el almuerzo le contó la historia a unos compañeros para ver si tenía gracia, pero no vio que nadie se riera. Decidió que no tenía gracia y eso le preocupó un poco, pues —desde su experiencia— las cosas sin gracia eran las más dadas a suceder. A las cinco, cuando salió de la oficina, aún no había parado de llover. Abrió el paraguas y se dirigió al autobús **cojeando**[17] del pie derecho. Le cedieron un asiento, pero ya no pudo dejar de cojear, porque ello, inexplicablemente, le proporcionaba un notable alivio tanto en el plano físico como en el intelectual. Sin embargo, su pensamiento seguía estando frío y duro como el mármol.

Ella le abrió la puerta y él entró cojeando a lo largo del pasillo.

—¿No me notas nada? —preguntó al cabo de un rato.

Ella lo observó detenidamente, como temerosa de no **acertar,**[18] y al fin dijo:

—Te has quitado las gafas.

Él cojeó ostensiblemente alrededor de la mesa, al tiempo que gritaba:

—*Estoy cojo, estoy cojo, estoy cojo . . .*

—Ya lo veo, ya lo veo, no te pongas así. Por favor.

---

[15]**rozar:** tocar ligeramente

[16]**de súbito:** de repente

[17]**cojear:** caminar poniendo más peso en una de las piernas

[18]**acertar:** dar con lo cierto

—Es que no te fijas en nada —dijo él—. Mira, yo no soy cojo ni tengo bigote, ni uso gafas . . .

Ella lo observó con un gesto de miedo, como si tras esas confesiones menores se fuera a producir el reconocimiento de un suceso excesivo. Entonces él se sentó, tomó aliento y dijo:

—Y además de todo eso, no soy tu marido y tú lo sabes.

Entonces ella sonrió con franqueza, encendió un cigarro y dijo con gesto de paciencia:

—Siempre estás con tus bromas.

Anochecía y la lluvia golpeaba sin ritmo los cristales. En la radio sonaba una canción antigua.

En fin.

Temas de redacción

1. Todos hemos pensado alguna vez que la realidad era irreal; hemos experimentado "esa sensación de decorado que tenía la vida". Describa una experiencia suya de este tipo.

   Atajo *Phrases:* describing objects, describing the past, talking about past events
   Vocabulary: emotions

2. España ha cambiado mucho desde la muerte de Franco en 1975, que puso fin a casi 40 años de dictadura. En los Estados Unidos, por diferentes razones, el cambio social también ha sido rápido, y también ha dejado confundida a la gente. Describa y comente un cambio social que haya aturdido a los ciudadanos de los Estados Unidos.

   Atajo *Phrases:* comparing and contrasting, expressing an opinion, weighing the evidence
   Vocabulary: media, upbringing, violence, working conditions

El encargo

Soledad Puértolas

La española Soledad Puértolas nació en 1947 y es reconocida como una figura importante dentro de la narrativa contemporánea. Este cuento ejemplifica su preocupación por el sentido de la existencia humana, una preocupación agudizada en España por los tremendos cambios políticos y sociales habidos a partir de los años 70.

En una ocasión, a un contador de cuentos se le pidió que realizase el **pregón**[1] de las fiestas del lugar. Hasta el momento, el pregón había corrido a cargo de otra clase de artistas. Un actor muy afamado lo había declamado el año anterior. Una cantante folclórica bellísima había sido su autora hacía dos años. Un futbolista, un jugador de **ajedrez**[2] y un torero los habían precedido. Pero, aunque parezca mentira, nunca le había tocado el turno a un contador de cuentos, por lo que el **gremio**[3] de los contadores de cuentos se sentía, al fin, satisfecho. Al mismo tiempo, nadie podía disimular su preocupación, porque aquel año la responsabilidad del pregonero era mayor: tenía que dejar bien a todos los del oficio y demostrar que un contador de cuentos es capaz de hacer mejores pregones que los actores, cantantes y futbolistas. ¿Dónde quedaba, si no, el prestigio de la profesión, su supuesta superioridad sobre aquellas otras artes, si más espectaculares, menos sustanciosas? Y había quien pensaba, entre los del gremio, que Teodoro, que es así como se llamaba el nuevo pregonero, no hubiera debido aceptar, que aquello era **rebajarse,**[4] que el pregón es un género que no figura en los manuales de literatura y que bien estaba donde había estado hasta la fecha: en boca de actores, futbolistas y toreros.

El caso fue que Teodoro recibió muchos consejos. Amigos y enemigos se vieron obligados a expresar su opinión, nunca coincidente, sobre el contenido y la forma de su intervención. Ya que, al fin, un hombre de letras iba a actuar, que se notara. Sus **ademanes**[5] debían ser más sobrios, más dignos. Tenía que estar un poco por encima, demostrar su cultura,

---

[1]**el pregón:** discurso en el que se invoca la protección del santo patrón
[2]**el ajedrez:** juego de tablero de origen árabe
[3]**el gremio:** asociación de profesionales
[4]**rebajarse:** humillarse
[5]**el ademán:** gesto

su sabiduría. El pregón tenía que tener el aire de un cuento: ser **alecciona-dor**[6] sin que se notase, ser poético sin que el mensaje quedase demasiado oculto, ser **ameno**[7] sin ser superficial, ser breve sin parecer ligero.

Los pocos momentos en que Teodoro se quedaba a solas, se llevaba las manos a la cabeza. **Abrumado**[8] por tantos consejos, no podía concentrarse. La inspiración estaba lejos. Se preguntaba por qué le habían hecho el encargo precisamente a él y si no estaría a tiempo de rechazarlo. Cuando se lo habían propuesto, se había sentido **halagado:**[9] ser el primer literato a quien se le encargaba el pregón era una especie de honor. Ser el primero es algo que siempre causa placer, y Teodoro no estaba exento de vanidad. No obstante, cuando, **desvelado,**[10] daba cientos de vueltas a los posibles comienzos de su discurso sin conseguir una sola frase brillante y razonable, llegaba a la conclusión de que aquel pregón era una trampa. Su carrera de contador de cuentos iba a acabarse allí, tanto si finalmente le salía, como si, lo que parecía más probable, no le salía. Porque si le acababa saliendo tenía que ser a fuerza de grandes esfuerzos, lo que sin duda **repercutiría**[11] desfavorablemente en su producción, porque Teodoro era de esos artistas que dan una gran importancia a la naturalidad, la inspiración y la frescura. Pero si el pregón no le salía, el fracaso le dolería tanto que no tendría ánimos para seguir inventando historias.

Mientras Teodoro se debatía en estos dilemas, el tiempo transcurría, tan indiferente e implacable como de costumbre. El aroma de la primavera se empezó a sentir en el aire: los árboles renacían y los ojos de las mujeres adquirían una expresión soñadora. Las fiestas estaban allí, a la vuelta de la esquina.

La víspera del pregón llegó y Teodoro cerró la puerta a las visitas. Sea como fuere, tenía que escribir algo. Se instaló en su cuarto, ordenó su mesa, tomó la pluma, numeró la hoja. El papel en blanco nunca le había preocupado. Sus ojos se fijaron en él. No se trataba sino de rellenarlo, atrapar una idea y desarrollarla. Pero cerró la pluma y apoyó la barbilla sobre sus manos. Miró al frente: la pared desnuda y la ventana. Separados por aquel muro, estaban todos los demás hombres, con sus problemas y obligaciones. Siempre había intentado aislarse de ellos, pero ahora los sentía muy próximos: le estaban pidiendo algo. Casi podía decirse que se lo estaban exigiendo. Tenía que contentarles. **Inusitadamente,**[12] su

---

[6]**aleccionador(-a):** instructivo
[7]**ameno(-a):** agradable
[8]**abrumado(-a):** agobiado, confundido
[9]**halagado(-a):** adulado, admirado
[10]**desvelado(-a):** sin poder dormirse, despierto
[11]**repercutir:** traer consecuencias
[12]**inusitadamente:** a diferencia de lo normal

persona había pasado a un primer plano. Le habían hecho un encargo y lo tenía que cumplir. ¿Qué demonios esperaban de él?

Durante días y días, durante años, Teodoro se había sentado a esa mesa para que las historias fluyeran de su cabeza al papel, sin pensar en los hombres. Tal vez sí pensaba en ellos, pero de una manera general, como si tuviera la clave del comportamiento humano. Sabía lo que tenía que decirles, lo que les conmovía, en qué lugares deseaban moverse y qué **parajes**[13] les inspiraban horror, por qué admiraban a un personaje y despreciaban a otro, qué ambiciones y sueños podían compartir. Repentinamente, todo ese conocimiento se le había borrado. Estaba demasiado impresionado por las caras con las que tendría que enfrentarse a la mañana siguiente. Hombres y mujeres de verdad.

Bien mirado, no era miedo lo que sentía. Podía escribir ese pregón en cualquier momento. Había escrito cosas mucho más difíciles. Estaba seguro de que el pregón le acabaría saliendo, porque en todos los años que llevaba inventando historias nunca había dejado una sin terminar. Tarde o temprano, la inspiración viene. El problema era más profundo: **escudriñando**[14] en su interior, Teodoro había descubierto que no tenía nada que decirles a los hombres. No sentía ninguna necesidad de decirles nada. A lo más, que estaba cansado. Se había pasado toda la vida haciendo como si los hombres le importaran, exponiendo sus problemas, jugando con ellos. Si de algo tenía ganas era de decirles: "¡Basta ya!, abandonemos este engaño. La vida no vale para nada, todos nosotros no valemos para nada. Quejémonos de nuestra miserable condición todos a la vez a ver si se **rasgan**[15] los cielos y cae sobre nosotros una tormenta **aniquiladora**.[16]"

Teodoro sonrió a la ventana cerrada. ¿Qué cara pondrían los asistentes si escucharan semejante discurso? Había perdido toda inocencia, no esperaba nada, no tenía fe.

Ese era el horrible descubrimiento. El fracaso del pregón no le importaba nada. Pero se preguntaba cómo podría seguir viviendo después de haber intuido esa espantosa verdad.

¿Qué sentido tenía haberse quedado solo y en silencio para escribir ese mensaje de fiesta y alegría que tenía que ofrecer al día siguiente? Desde que le habían comunicado la noticia de que él iba a ser el autor del pregón de aquel año, había estado rodeado de amigos. Pero aquel día todos se habían puesto de acuerdo. Nadie venía a visitarle. Tenía la impresión de que si salía de su casa para dar un paseo, le espiarían. Notaba a su alrededor el peso de una conspiración. Tenía que permanecer allí,

---

[13]**el paraje:** sitio, lugar
[14]**escudriñar:** examinar detalladamente
[15]**rasgar:** romper
[16]**aniquilador(-a):** destructivo

encerrado, haciendo como que cumplía el encargo, dejando transcurrir las horas hasta que, a la mañana siguiente, le vinieran a recoger.

Se levantó de la silla y recorrió el cuarto. Desde la puerta, se volvió y contempló la mesa. Por un momento, la vio como algo ajeno, preparado para otro. Sobre ella, el papel, la tinta, la pluma: todo en orden, todo dispuesto. Era un rincón que irradiaba trabajo, severidad, pero también placer: quien se sentaba allí era un amante de su oficio. Sin duda, le dedicaba muchas horas, pero no se aburría. Cada centímetro de la mesa había sido tocado muchas veces. En todos aquellos objetos estaba la huella del hombre: de un hombre que había convertido las horas que pasaba allí en otra cosa.

Teodoro dio la espalda a aquel rincón porque le causaba dolor: había demasiado amor, demasiada dedicación, demasiada fe. Salió al pasillo en **penumbra**[17] en dirección a la cocina. No tenía hambre, pero se preparó algo de beber. Esta vez no bebía para poder escribir, simplemente para vencer aquella sensación de encierro, de **ahogo.**[18] Con el vaso en la mano, volvió al pasillo. Al fondo, el cuarto con la mesa y la silla era como un cuadro luminoso. No tenía valor para **irrumpir**[19] en aquel cuarto. Su presencia **desvanecería**[20] el carácter inmóvil, sagrado, de la escena. En mitad del pasillo, se detuvo. Se apoyó contra la pared, bebió un largo trago. Permaneció así un tiempo, hasta que decidió sentarse en el suelo. La penumbra se fue convirtiendo en oscuridad y el cuarto al final del pasillo fue perdiendo su luz.

Más de una vez se levantó y volvió a la cocina para rellenar su vaso. Finalmente, se trajo la botella. Aquel lugar era tan bueno como cualquier otro para pasar el rato. En algún momento cerró los ojos, su cuello se inclinó y su barbilla quedó clavada sobre su pecho.

Cuando abrió los ojos, percibió claridad: el cuarto al final del pasillo estaba bañado en una luz limpia, transparente. Había amanecido, y la penumbra del pasillo no era tan densa. Algo ligero flotaba en el aire. En él se presentía la mejor mañana de mayo. Con un enorme esfuerzo y dolor en todo su cuerpo, Teodoro se levantó. La botella, vacía, cayó al suelo. Recordó de pronto que era el día del pregón y fue como si nunca hubiera pensado en él, porque experimentó una gran sorpresa. Pero sabía lo que debía hacerse en un caso así. Preparó abundante café, se dio una ducha fría y se sentó a la mesa. Todos los recursos del escritor de oficio permanecían en el fondo de su alma y fueron saliendo a la superficie, convertidos en palabras, en versos, en rimas. Estaba escribiendo la última línea cuando llamaron a la puerta. El mensajero venía con el tiempo justo. Respiraba con dificultad porque había venido corriendo.

—No conocía este barrio y me he perdido —dijo.

---

[17]**la penumbra:** sombra
[18]**el ahogo:** aprieto angustioso
[19]**irrumpir:** entrar violentamente
[20]**desvanecer:** deshacer

Así que salieron inmediatamente, sin que Teodoro tuviera tiempo de releer el pregón. En la **tribuna**[21] las autoridades le estaban esperando, impacientes. Se apartaron para cederle un puesto de honor. El alcalde o el presidente o puede que el gobernador se dirigió al público, que llenaba la plaza, y se produjo un gran silencio. Anunció lo que iba a suceder: que Teodoro iba a hablar, y pidió atención y respeto para sus palabras. El sol caía, sin molestar a nadie, sobre las cabezas de los congregados. Todo brillaba: los cristales de las ventanas, los colores de los vestidos, las hojas de los árboles.

Teodoro respiró profundamente, levantó el papel hasta la altura de sus ojos y empezó a leer. Lenta, pausadamente, pero con vigor, como deben recitarse los pregones. No se enteraba de lo que estaba diciendo, pero sabía que tenía que leer así. De vez en cuando, una palabra, una frase, llamaba su atención y su voz temblaba ligeramente. No era momento para rectificaciones ni dudas. Mejor era no fijarse mucho: seguir.

Cuando finalizó, en un tono vibrante, emocionado, una salva de aplausos acogió su discurso. La muchedumbre se agitaba, complacida. Y de nuevo, por segunda vez en aquella mañana, sintió un profundo sentimiento de sorpresa. No había contado con aquellos aplausos. Sobre todo, los que le dedicaban sonoros y firmes, sus compañeros de tribuna: las autoridades. Se sintió envuelto en un ruido potente, ensordecedor. Todos le miraron, satisfechos, asintiendo con la cabeza, sonriendo con los ojos o sonriendo abiertamente. Escuchó algún que otro comentario:

—Muy bien.
—Fabuloso.
—Espléndido.

Las fiestas habían comenzado. La multitud comenzó a dispersarse por las calles, gritando, cantando, bailando. Las autoridades abandonaron la tribuna y entraron en el Ayuntamiento o Casa del Presidente, donde, en una espaciosa sala, se había preparado un almuerzo frío. Se **descorcharon**[22] botellas de excelentes vinos y aquí y allá se formaron grupos en los que se desarrollaban animadas conversaciones. El salón estaba lleno de gente, de ruido. El polvo fino que flotaba en el aire quedaba iluminado por los rayos del sol que penetraban por los balcones abiertos.

Teodoro **deambulaba**[23] por el salón, iba de un grupo a otro, sin detenerse mucho, porque apenas conocía a aquellas personas. Algunas, le sonreían, le hacían un gesto con la cabeza, como saludándole, otras, apenas le miraban. Pero nadie le habló del pregón. Nunca se volvió a hablar del pregón.

---

[21]**la tribuna:** mesa donde se encuentran las autoridades
[22]**descorchar:** abrir una botella sacándole el corcho
[23]**deambular:** caminar sin rumbo

Aquella noche Teodoro no pudo dormir pensando en el pregón. Los papeles descansaban sobre su mesilla, pero no se atrevía a leerlos. A la mañana siguiente, los rompió. Pasó algún tiempo antes de que pudiera volver a escribir un cuento, pero, al fin, lo hizo.

Temas de redacción

1. Teodoro pensaba que todo el mundo le esperaba un pregón extraordinario porque era escritor de profesión. Narre, en tiempo pasado, un incidente de su propia vida en que los demás esperaran grandes cosas de Ud., y explique cómo pudo cumplir con sus expectativas.

   Atajo   *Phrases:* sequencing events, talking about past events
   Vocabulary: dreams and aspirations, emotions

2. El pregón forma parte de la fiesta mayor, una celebración que se hace en todos los pueblos y ciudades de España. Describa una celebración u otra manifestación cultural típica de su país o región.

   Atajo   *Phrases:* comparing and contrasting, comparing and distinguishing
   Vocabulary: media

Nos han dado la tierra

Juan Rulfo

Juan Rulfo (1918–1986) consiguió plasmar en su obra el mundo del campesino mexicano. Rulfo no nos explica cuál ha sido el costo humano de las convulsiones políticas sino que sirve de conducto para que los propios personajes nos hablen a su manera de sus experiencias.

Después de tantas horas de caminar sin encontrar ni una sombra de árbol, ni una semilla de árbol, ni una raíz de nada, se oye el ladrar de los perros.

Uno ha creído a veces, en medio de este camino sin orillas, que nada habría después; que no se podría encontrar nada al otro lado, al final de esta llanura **rajada**[1] de **grietas**[2] y de arroyos secos. Pero sí, hay algo. Hay un pueblo. Se oye que ladran los perros y se siente en el aire el olor del humo, y se saborea ese olor de la gente como si fuera una esperanza.

Pero el pueblo está todavía muy allá. Es el viento el que lo acerca.

Hemos venido caminando desde el amanecer. Ahorita son algo así como las cuatro de la tarde. Alguien se asoma al cielo, estira los ojos hacia donde está colgado el sol y dice:

—Son como las cuatro de la tarde.

Ese alguien es Melitón. Junto con él, vamos Faustino, Esteban y yo. Somos cuatro. Yo los cuento: dos adelante, otros dos atrás. Miro más atrás y no veo a nadie. Entonces me digo: "Somos cuatro". Hace rato, como a eso de las once, éramos veintitantos; pero puñito a puñito se han ido desperdigando hasta quedar nada más este nudo que somos nosotros.

Faustino dice:

—Puede que llueva.

Todos levantamos la cara y miramos una nube negra y pesada que pasa por encima de nuestras cabezas. Y pensamos: "Puede que sí".

No decimos lo que pensamos. Hace ya tiempo que se nos acabaron las ganas de hablar. Se nos acabaron con el calor. Uno **platicaría**[3] muy a gusto en otra parte, pero aquí cuesta trabajo. Uno platica aquí y las palabras se calientan en la boca con el calor de afuera, y se le resecan a uno en la lengua hasta que acaban con el **resuello.**[4]

---

[1] **rajado(-a):** dividido en trozos alargados
[2] **la grieta:** abertura
[3] **platicar:** hablar
[4] **el resuello:** respiración

Aquí así son las cosas. Por eso a nadie le da por platicar.

Cae una gota de agua, grande, gorda, haciendo un agujero en la tierra y dejando una plasta como la de un salivazo. Cae sola. Nosotros esperamos a que sigan cayendo más. No llueve. Ahora, si se mira el cielo se ve a la nube aguacera corriéndose muy lejos, a toda prisa. El viento que viene del pueblo se le **arrima**[5] empujándola contra las sombras azules de los cerros. Y a la gota caída por equivocación se la come la tierra y la desaparece en su sed.

¿Quién diablos haría este llano tan grande? ¿Para qué sirve, eh?

Hemos vuelto a caminar. Nos habíamos detenido para ver llover. No llovió. Ahora volvemos a caminar. Y a mí se me ocurre que hemos caminado más de lo que llevamos andado. Se me ocurre eso. De haber llovido quizá se me ocurrieran otras cosas. Con todo, yo sé que desde que yo era muchacho, no vi llover nunca sobre el Llano, lo que se llama llover.

No, el Llano no es cosa que sirva. No hay ni conejos ni pájaros. No hay nada. A no ser unos cuantos **huizaches**[6] **trespeleques**[7] y una que otra manchita de **zacate**[8] con las hojas enroscadas; a no ser eso, no hay nada.

Y por aquí vamos nosotros. Los cuatro a pie. Antes andábamos a caballo y traíamos **terciada**[9] una carabina. Ahora no traemos ni siquiera la carabina.

Yo siempre he pensado que en eso de quitarnos la carabina hicieron bien. Por acá resulta peligroso andar armado. Lo matan a uno sin avisarle, viéndolo a toda hora con "la 30" amarrada a las correas. Pero los caballos son otro asunto. De venir a caballo ya hubiéramos probado el agua verde del río, y paseado nuestros estómagos por las calles del pueblo para que se les bajara la comida. Ya lo hubiéramos hecho de tener todos aquellos caballos que teníamos. Pero también nos quitaron los caballos junto con la carabina. Vuelvo hacia todos lados y miro el Llano. Tanta y tamaña tierra para nada. Se le resbalan a uno los ojos al no encontrar cosa que los detenga. Sólo unas cuantas lagartijas salen a asomar la cabeza por encima de sus agujeros, y luego que sienten la **tatema**[10] del sol corren a esconderse en la sombrita de una piedra.

Pero nosotros, cuando tengamos que trabajar aquí, ¿qué haremos para enfriarnos del sol, eh? Porque a nosotros nos dieron esta costra de **tepetate**[11] para que la sembráramos.

---

[5]**arrima:** acercar

[6]**el huizache:** árbol espinoso

[7]**trespeleque:** designación genérica peyorativa

[8]**el zacate:** planta que sirve de pasto para el ganado

[9]**terciar:** colgar oblicuamente

[10]**la tatema:** carne asada a la brasa

[11]**el tepetate:** tierra endurecida que sirve de material de construcción

Nos dijeron:

—Del pueblo para acá es de ustedes.

Nosotros preguntamos:

—¿El Llano?

—Sí, el Llano. Todo el Llano Grande.

Nosotros paramos la **jeta**[12] para decir que el Llano no lo queríamos. Que queríamos lo que estaba junto al río. Del río para allá, por las vegas, donde están esos árboles llamados **casuarinas**[13] y las **paraneras**[14] y la tierra buena. No este duro pellejo de vaca que se llama el Llano.

Pero no nos dejaron decir nuestras cosas. El delegado no venía a conversar con nosotros. Nos puso los papeles en la mano y nos dijo:

—No se vayan a asustar por tener tanto terreno para ustedes solos.

—Es que el Llano, señor delegado . . .

Son miles y miles de yuntas.

—Pero no hay agua. Ni siquiera para hacer un buche hay agua.

—¿Y el temporal? Nadie les dijo que se les iba a dotar con tierras de riego. En cuanto allí llueva, se levantará el maíz como si lo estiraran.

—Pero, señor delegado, la tierra está deslavada, dura. No creemos que el **arado**[15] se entierre en esa como cantera que es la tierra del Llano. Habría que hacer agujeros con el **azadón**[16] para sembrarla semilla y ni aun así es positivo que nazca nada; ni maíz ni nada nacerá.

—Eso manifiéstenlo por escrito. Y ahora váyanse. Es al **latifundio**[17] al que tienen que atacar, no al Gobierno que les da la tierra.

—Espérenos usted, señor delegado. Nosotros no hemos dicho nada en contra el Centro. Todo es contra el Llano . . . No se puede contra lo que no se puede. Eso es lo que hemos dicho . . . Espérenos usted para explicarle. Mire, vamos a comenzar por donde íbamos . . .

Pero él no nos quiso oír.

Así nos han dado esta tierra. Y en este comal acalorado quieren que sembremos semillas de algo, para ver si algo **retoña**[18] y se levanta. Pero nada se levantará de aquí. Ni **zopilotes**.[19] Uno los ve allá cada y cuando, muy arriba, volando a la carrera; tratando de salir lo más pronto posible

---

[12]**la jeta:** boca saliente
[13]**la casuarina:** árbol cuyas hojas se parecen al plumaje del pájaro del mismo nombre
[14]**la paranera:** pradera, campo donde pastan los animales
[15]**el arado:** instrumento para abrir la tierra
[16]**el azadón:** pala que sirve para remover la tierra
[17]**el latifundio:** sistema de propiedades rurales muy extensas
[18]**retoñar:** reproducirse
[19]**el zopilote:** ave de rapiña de cabeza pelada

de este blanco terregal endurecido, donde nada se mueve y por donde uno camina como **reculando.**[20]

Melitón dice:

—Esta es la tierra que nos han dado.

Faustino dice:

—¿Qué?

Yo no digo nada. Yo pienso: "Melitón no tiene la cabeza en su lugar. Ha de ser el calor que le ha traspasado el sombrero y le ha calentado la cabeza. Y si no, ¿por qué dice lo que dice? ¿Cuál tierra nos han dado, Melitón? Aquí no hay ni tantita que necesitaría el viento para jugar a los remolinos".

Melitón vuelve a decir:

—Servirá de algo. Servirá aunque sea para correr **yeguas.**[21]

—¿Cuáles yeguas? —le pregunta Esteban.

Yo no me había fijado bien a bien en Esteban.

Ahora que habla, me fijo en él. Lleva puesto un gabán que le llega al ombligo, y debajo del gabán saca la cabeza algo así como una gallina.

Sí, es una gallina colorada la que lleva Esteban debajo del gabán. Se le ven los ojos dormidos y el pico abierto como si bostezara. Yo le pregunto:

—Oye, Teban, ¿dónde **pepenaste**[22] esa gallina?

—Es la mía —dice él.

—No la traías antes. ¿Dónde la **mercaste,**[23] eh?

—No la merqué, es la gallina de mi corral.

—Entonces te la trajiste de bastimento, ¿no?

—No, la traigo para cuidarla. Mi casa se quedó sola y sin nadie para que le diera de comer; por eso me la traje. Siempre que salgo lejos cargo con ella.

—Allí escondida se te va a ahogar. Mejor sácala al aire.

Él se la acomoda debajo del brazo y le sopla el aire caliente de su boca. Luego dice:

Estamos llegando al **derrumbadero.**[24]

Yo ya no oigo lo que sigue diciendo Esteban. Nos hemos puesto en fila para bajar la **barranca**[25] y él va mero adelante. Se ve que ha agarrado a la gallina por las patas y la **zangolotea**[26] a cada rato, para no golpearle la cabeza contra las piedras.

---

[20]**recular:** ir para atrás
[21]**la yegua:** hembra del caballo
[22]**pepenar:** recoger
[23]**mercar:** comprar
[24]**el derrumbadero:** precipicio
[25]**la barranca:** quiebra profunda en la tierra
[26]**zangolotear:** mover continuamente

Conforme bajamos, la tierra se hace buena. Sube polvo desde nosotros como si fuera un atajo de mulas lo que bajara por allí; pero nos gusta llenarnos de polvo. Nos gusta. Después de venir durante once horas pisando la dureza del Llano, nos sentimos muy a gusto envueltos en aquella cosa que brinca sobre nosotros y sabe a tierra.

Por encima del río, sobre las copas verdes de las casuarinas, vuelan parvadas de **chachalacas**[27] verdes. Eso también es lo que nos gusta.

Ahora los ladridos de los perros se oyen aquí, junto a nosotros, y es que el viento que viene del pueblo **retacha**[28] en la barranca y la llena de todos sus ruidos.

Esteban ha vuelto a abrazar a su gallina cuando nos acercamos a las primeras casas. Le desata las patas para **desentumecerla,**[29] luego él y su gallina desaparecen detrás de unos **tepemezquites.**[30]

—¡Por aquí **arriendo**[31] yo! —nos dice Esteban.

Nosotros seguimos adelante, más adentro del pueblo.

La tierra que nos han dado está allá arriba.

---

[27]**la chachalaca:** ave gallinácea
[28]**retachar:** rebotar, volver sobre sí
[29]**desentumecer:** sacudir la torpeza de algo
[30]**el tepemezquite:** árbol parecido a la acacia
[31]**arrendar:** usar de la tierra durante un tiempo convenido

Temas de redacción

1. En inglés hay un refrán que dice *"The road to hell is paved with good intentions"*. A los campesinos de *Nos han dado la tierra* el gobierno les ha entregado tierras en nombre de la reforma agraria, para contrarrestar los efectos de la latifundia. Explique por qué esta reforma ha producido resultados nefastos.

   Atajo   *Phrases:* weighing alternatives, weighing the evidence, writing a conclusion
   Vocabulary: working conditions

2. Este cuento está narrado en la voz de un campesino mexicano. ¿Qué evidencia puede encontrar de que el narrador está contando la historia oralmente? ¿Qué evidencia puede encontrar de que el narrador es mexicano?

   Atajo   *Phrases:* writing about theme, plot or scene

Vete a jugar al béisbol

Jim Sagel

Jim Sagel (1947–1998) nació en Nuevo México y aprendió español porque era la lengua de su esposa. Por medio de su obra literaria, que incluye ficción, ensayo, teatro y poesía, expresó su admiración por la cultura hispana de Nuevo México. Muchos de sus libros están publicados en un formato bilingüe: español e inglés.

—Vete a jugar al béisbol —me dijo mi abuelo la noche que se murió. Estaba acostado como una **trucha**[1] larga en su cama del hospital. Por la mañana le había dado otro dolor fuerte en el pecho. No más que nadie de la familia lo sabía. Él no decía nada y nunca iba a los doctores. Después supimos causa de las fechas en su calendario marcadas "Dolor".

—Ya tengo todas las cuentas pagadas —le decía a mi mamá, quien estaba haciendo mucha fuerza de no llorar. Ella no había esperado esto; su papá, el hombre alto de las manos gigantes que siempre había sostenido su vida, él no podía morirse.

—Pero si alguien llega después que yo esté muerto y te dice que yo les debía algo, págales. Tengo una **maña**[2] muy mala de pedir dinero. Allí en la casa hallarás mi dinerito en la **hielera**.[3] Lo que no gastes para enterrarme, es tuyo, hija.

Y cuando por fin se soltó llorando mi mamá, él le dijo:

—No, no llores, hija. Morirse es la cosa más natural. A todos se nos va a llegar ese día, sabes.

Él hizo fuerza de sonreírse, pero de repente le pegó un dolor que le hizo apretar los ojos.

—¿Que no le están dando nada para el dolor? —preguntó—. ¿Dónde están las **nodrizas**?[4]

—No, hijito, no las llames. Ya les tengo dicho que no quiero tomar nada para el dolor.

—Pero, ¿por qué, abuelo?

---

[1] **la trucha:** pez de río
[2] **la maña:** mala costumbre
[3] **la hielera:** congelador, parte más fría del refrigerador
[4] **la nodriza:** enfermera

—Tú estás muy joven todavía —me dijo—, pero algún día entenderás. En esta vida hay alegría y hay sufrimiento. Yo he vivido una vida feliz por muchos años y ahora me toca sufrir. Que se haga la voluntad de Dios.

—Pero no es necesario, abuelo. Hay medicinas. Usted no tiene que pasar dolores.

—Sólo Dios puede decidir eso, hijito.

Y le pegó otro dolor más fuerte que le hizo cerrar los ojos otra vez y torcer la nuca para un lado. Cuando volvió a abrir los ojos, parecía diez años más viejo. Me miró y dijo:

—Vete a jugar al béisbol, hijito. ¿Que no es lunes hoy?

Yo no lo podía creer. Con tanto dolor, y todavía él sabía qué día era y se acordó que yo jugaba al béisbol.

—Pero abuelo —dije, casi llorando también—, ésta pudiera ser la última vez que lo viera.

—Sí —respondió estoicamente—, sí podría ser. Pero ¿por qué me quieres ver así? Al cabo que todos van a estar aquí llorando toda la noche.

—No hable así —le dijo mamá—. Usted no va a morir.

—Hija —dijo en un tono deprimido pero cariñoso—, yo siempre he dicho la verdad toda la vida. No voy a comenzar con mentiras ahora.

—Pero ahorita llega un especialista que le va a ayudar. Y si él dice, lo llevaremos para Albuquerque.

—No —dijo mi abuelo—. No me vayan a mover de aquí. Si me quieren llevar, llévenme para la casa donde puedo morirme en paz. Y no quiero ver este especialista. Él, ¿qué me puede ayudar? Ya mi tiempo ha llegado, hija. Nomás que tengo ganas de ver a la Rita una vez más. ¿Me **dijites**[5] que venía?

Mi tía Rita era la única hermana que le quedaba a mi abuelo. Pronto después de oír de su hermano, ella había tomado un avión de Salt Lake City para venir a verlo.

—Y tú, hijito, ya vete a jugar al béisbol. Que Dios vaya contigo —me dijo, al extenderle yo la mano para decirle adiós—.

Sí, fui a jugar al béisbol, pero no jugué nada bien. Mis pensamientos se habían quedado en el hospital con el hombre que me había enseñado a **amansar**[6] caballos y **herrar**[7] becerros. El hombre que me había guiado por la sierra a las **cañadas**[8] más altas y remotas. El hombre que me había platicado del pasado mágico. El hombre que ahora también se iba a perder en ese mismo pasado.

---

[5]**dijites:** dijiste (la forma dialectal tiene -*s* al igual que otras formas de *tú*)

[6]**amansar:** domesticar

[7]**herrar:** clavar las herraduras a un caballo

[8]**la cañada:** vía por donde pasan los animales

Jugando yo al béisbol, y llegando el especialista al hospital. Pero ya era muy tarde para mover a mi abuelo al Hospital Bataan en Albuquerque. A pesar de que mi abuelo no entendía mucho inglés, y ya no hablaba, todavía comprendió lo que el doctor le dijo a mi mamá. No había modo de salvarlo. Todo lo que podía hacer ahora era darle píldoras para que no sufriera tanto.

Mi mamá me platicó después que mi abuelo la hizo entender que quería un lápiz. Dijo que él lo agarró y escribió en unas letras quebradas: "No medicina".

Y no le dieron nada. Mi abuelo seguía **agonizando.**[9]

Yo también seguía con mi juego, y cuando ya se había acabado, me llamaron al teléfono: Mi tía Rita había llegado al hospital, mi mamá me dijo entre lágrimas. Y mi abuelo se había muerto.

---

[9]**agonizar:** estar a punto de morir

Temas de redacción

1. El abuelo del narrador no quiere que le salven la vida. Explique por qué el abuelo tiene esta actitud. ¿Está Ud. de acuerdo con él, o tiene otras opiniones al respecto? Justifique bien sus opiniones.

   Atajo   *Phrases:* expressing an opinion, linking ideas, weighing alternatives, weighing the evidence
   Vocabulary: dreams and aspirations, family members, health

2. ¿Admira Ud. a alguna persona mayor, como admira a su abuelo el narrador de *Vete a jugar al béisbol*? Escriba un breve relato describiendo cómo se portó esta persona en algún momento importante.

   Atajo   *Phrases:* describing people, describing past events
   Vocabulary: family members, upbringing

Glosario

Está indicado entre paréntesis el capítulo en que se define el término.

* Símbolo que señala que una palabra o frase es inaceptable

? Símbolo que señala que una palabra o frase es de dudosa aceptabilidad

A

A **acusativa** (*5*) Estructura que marca con la preposición *a* los complementos directos que no son pacientes prototípicos.

Adjetivo (*7*) Expresión que modifica directamente a los sustantivos.

Adverbio (*9*) Expresión que modifica a un verbo, un adjetivo, otro adverbio o una frase entera.

Agente (*5*) Entidad típicamente animada que inicia una acción.

Antecedente (*5*) Sustantivo a que se refiere un pronombre.

Argumento (*5*) Entidad participante en la situación verbal.

Artículo (*7*) Subclase de adjetivos con dos miembros, el definido y el indefinido, que se utiliza para identificar la entidad en el discurso.

Aspecto (*1*) Categoría gramatical que clasifica las situaciones según su desarrollo interno y no con respecto al tiempo.

C

Cláusula dependiente o subordinada (*4*) Frase, presentada por una conjunción subordinante, que contiene un verbo conjugado y que depende sintácticamente de otra frase.

Cláusula independiente o principal (*4*) Frase que contiene un verbo conjugado y que no depende sintácticamente de otra frase.

Cláusula relativa (*8*) Cláusula dependiente que modifica a un sustantivo, de la que se ha sacado el sustantivo modificado, reemplazándolo por un pronombre relativo.

Clítico (*5*) Palabra que no puede acentuarse y por lo tanto siempre se apoya prosódicamente en otra.

Complemento directo (*5*) Papel sintáctico desempeñado por la entidad-paciente cuando la entidad-agente de la acción desempeña el papel de sujeto.

Complemento indirecto (*5*) Participante prototípicamente animado en la situación verbal que no dirige ni recibe la acción directamente sino que de algún modo queda beneficiado o perjudicado por ella.

Concordancia (*7*) Realización en la desinencia de una dependencia gramatical.

Conjunción coordinante (*4*) Palabra que enlaza dos cláusulas sintácticamente independientes.

Conjunción subordinante (*4*) Palabra que introduce una cláusula subordinada y la une a la cláusula independiente.

D

Dativo de interés (*5*) Complemento indirecto cuya participación en la situación verbal consiste sólo en su interés en la situación.

Deíxis (*1*) Sistema gramatical en que todo se define con respecto al hablante.

Demostrativo (*7*) Subclase de adjetivos que forman un sistema deíctico basado en la distancia entre el hablante y la entidad modificada.

Descripción contrastiva (*7*) Descripción de una entidad basada en la diferencia entre ésta y otras entidades, u otro estado de la misma entidad.

Descripción no-contrastiva (*7*) Descripción que proporciona información sobre una entidad sin implicar ninguna comparación.

Desinencia (*1*) La terminación de una palabra que lleva información gramatical; por ejemplo, las categorías de persona, número, tiempo y aspecto en los verbos y las de número y género en los sustantivos.

Determinante (*7*) Subclase de adjetivos que incluye los artículos y los demostrativos.

Discurso (*preliminar*) El contexto en que tiene lugar toda manifestación lingüística.

E

Especificativa, cláusula relativa (*8*) Una cláusula relativa que es contrastiva (véase *descripción contrastiva*).

Experimentante (experimentador) (*5*) El participante que experimenta la situación verbal de alguna manera indirecta.

Explicativa, cláusula relativa (*8*) Una cláusula relativa que no es contrastiva (véase *descripción no-contrastiva*); suele aparecer entre pausas y comas.

F

Frase nominal (*7*) Grupo de palabras que contiene un sustantivo y los modificadores que se agrupan alrededor del núcleo nominal.

Frase verbal (*9*) Grupo de palabras que contiene un verbo conjugado y los auxiliares y modificadores que se agrupan alrededor del núcleo verbal.

Futuro compuesto o analítico (*1*) Estructura verbal que consiste en una forma del verbo *ir* más la preposición *a* y un infinitivo.

Futuro simple o sintético (*1*) Forma verbal de una sola palabra que, aparte de usarse para hablar del futuro, ha adquirido funciones modales.

G

Género (*7*) Categoría morfológica que clasifica los sustantivos en masculino o femenino y que forma parte de su definición léxica.

I

Información nueva (*preliminar*) Información introducida por primera vez en el discurso.

Información conocida (*preliminar*) Información que ya está presente en el discurso.

L

Laísmo (*5*) El uso de *la* y *las* para hacer referencia a complementos indirectos femeninos en tercera persona.

Leísmo (*5*) El uso de *le* y *les* para hacer referencia a complementos directos masculinos y, usualmente, animados en tercera persona.

Léxico (*preliminar*) Componente de la gramática de una lengua que da cuenta del vocabulario.

Locativo (*3*) Expresión que indica lugar.

M

Medio-pasiva, frase (*6*) Frase en que el sujeto tiene características de agente y paciente a la vez.

Metáfora (*10*) El uso lingüístico de la comparación.

Modificación (*preliminar*) Estrategia gramatical para alterar o ampliar el significado de una expresión.

Modo (*1*) Categoría gramatical que indica el propósito comunicativo del hablante.

Morfología (*preliminar*) Componente de la gramática de una lengua que da cuenta de la formación de las palabras.

N

Número (*7*) Categoría gramatical que clasifica una expresión en singular o plural; el número de un verbo depende del número del sustantivo-sujeto que lo rige.

O

Objeto Véase *complemento*.

P

Paciente (*5*) Entidad que recibe la acción en una situación transitiva.

Perfectividad (*1*) Cualidad aspectual de las situaciones verbales que han llegado a su punto final.

Persona (*1*) Sistema deíctico de clasificar a los participantes en el discurso; el hablante es siempre primera persona, y el oyente segunda persona.

Pluscuamperfecto (*1*) Estructura verbal que comprende una forma del imperfecto de *haber* más el participio, utilizado para hacer referencia a una situación pasada ocurrida antes de otra.

Preposición (*10*) Palabra que da nombre a la relación entre dos elementos gramaticales.

Preposición partitiva (*10*) Preposición cuyo significado principal relaciona una entidad X con otra entidad Y, de la que proviene; así, X forma parte de Y.

Progresividad (*1*) Cualidad aspectual de las situaciones verbales que se encuentran en su transcurso.

Pronombre (*5*) Palabra que sustituye un sustantivo ya presente en el discurso. Sólo puede haber pronombres propiamente dichos en la tercera persona, ya que no hay sustitución alguna en la primera o la segunda persona.

Pronombre relativo (*8*) Pronombre en una cláusula relativa que reemplaza al sustantivo repetido.

Prototipo (*preliminar*) Miembro representativo y central de cualquier categoría.

R

Redundancia (*8*) La repetición de un elemento dentro de una estructura.

Reflexiva, frase (*6*) Frase en que el sujeto y el complemento (directo o indirecto) se refieren a la misma entidad.

Reflexiva recíproca, frase (*6*) Frase con por lo menos dos participantes en la que la acción iniciada por un participante recae sobre el otro y viceversa.

S

Se impersonal (*6*) El uso de *se* en frases no-reflexivas donde el pronombre no tiene ningún referente y por lo tanto implica la participación de una entidad impersonal.

Semántica (*preliminar*) Componente de la gramática de una lengua que da cuenta del significado de las expresiones.

Significado léxico (*1*) El significado principal de una palabra.

Sintaxis (*preliminar*) El componente de la gramática de una lengua que da cuenta de la estructura de la oración.

Sistema deíctico (*1*) Sistema gramatical en que toda clasificación se define desde la perspectiva del hablante.

Sujeto (*5*) Frase nominal que sintácticamente rige la persona y el número del verbo, y semánticamente constituye el tema de la frase.

Sustantivo (*preliminar*) Palabra que da nombre a las entidades, que se distinguen por su continuidad en el tiempo y en el espacio.

T

Tiempo (*1*) Categoría gramatical que relaciona las situaciones verbales con el tiempo cronológico por medio de un sistema deíctico.

V

Verbo (*preliminar*) Palabra que da nombre a las situaciones, cuyo prototipo son las acciones, que varían en el tiempo y en el espacio.

Verbo intransitivo (*5*) Verbos que nombran situaciones definidas a base de la participación de sólo un participante.

Verbo transitivo (*5*) Verbos que nombran situaciones definidas a base de la participación de por lo menos dos participantes: el agente y el paciente.

Voz (*6*) Recurso gramatical utilizado por el hablante para identificar al participante que desempeña el papel semántico de agente.

Voz activa (*6*) Construcción gramatical en que el agente de la acción desempeña el papel sintáctico de sujeto.

Voz pasiva (*3*) Construcción gramatical en que el paciente de una situación transitiva desempeña el papel sintáctico de sujeto.

Índice

Créditos

Dibujos

Capítulo 1
5: © Joaquín Salvador Lavado (QUINO) Toda Mafalda — Ediciones de LA Flor, 1993. Reproduced by permission.

Capítulo 2
31: Forges. Cedidos los derechos de reproducción. Reproduced by permission.

Capítulo 3
44: FRANK & ERNEST: © Thaves/Dist. by Newspaper Enterprise Association, Inc.

Capítulo 4
57: © Joaquín Salvador Lavado (QUINO) Toda Mafalda — Ediciones de LA Flor, 1993. Reproduced by permission.
63: Forges. Cedidos los derechos de reproducción. Reproduced by permission.
70: Peanuts: © United Feature Syndicate, Inc. Reproduced by permission.

Capítulo 5
89: © Joaquín Salvador Lavado (QUINO) Toda Mafalda — Ediciones de LA Flor, 1993. Reproduced by permission.

Capítulo 6
105: Peanuts: © United Feature Syndicate, Inc. Reproduced by permission.

Capítulo 7
118: CALVIN AND HOBBES © 1994 **Watterson.** Dist. By UNIVERSAL PRESS SYNDICATE. Reprinted with permission. All rights reserved. Reproduced by permission.
125: Forges. Cedidos los derechos de reproducción. Reproduced by permission.

Capítulo 8
145: Copyright: Maitena Burundarena, 2003. Reproduced by permission.

Fotos

Capítulo 2
22: © agefotostock/Superstock

Capítulo 3
36: © agefotostock/Superstock

Capítulo 6
96: © Food Pix/Laszlo Selly/Jupiter Images

Lecturas

187–190: "Águeda," by Pío Baroja, from Pío Caro Baroja. Reproduced by permission.

191–192: "Continuidad de los parques," © Herederos de Julio Cortázar, 1956. Reproduced by permission.

193–195: "La enemiga," by Virgilio Díaz Grullón, from Editorial Letra Gráfica de Santo Domingo (Orlando Inoa, President). Reproduced by permission.

197–200: "Ella no se fijaba," by Juan José Millás, 1989, from *El País*. Reproduced by permission.

201–206: "El encargo," by Soledad Puértolas, from Raquel de la Concha. Reproduced by permission.

207–211: "Nos han dado la tierra," © Herederos de Juan Rulfo, 1953. Reproduced by permission.

212–214: "Vete a jugar al béisbol," included in *Tunomás Honey*, 1983, by Jim Sagel. © Bilingual Press/Editorial Bilingüe (Arizona State University, Tempe, AZ). Reproduced by permission.